문장독본

문장독본

다니자키 준이치로

이한정 옮김

일러두기
· 이 책은 다니자키 준이치로의 문장론 『文章讀本』(東京: 中央公論社, 1934)을 완역한 것이다.
· 원문에서 진하게 강조된 글자는 고딕체로 표시했다.
· 주는 모두 옮긴이의 주이다.

서문

이 책은 다양한 계층의 많은 사람들이 읽을 수 있기를 바라며 대중을 위해 썼다. 따라서 학자나 문인이 읽을 만한 책은 아니다. 그렇다 해도 지금까지 나는 이런 종류의 책을 써본 적이 없어서 내용의 배열이나 장章과 절節을 구분하는 방식 등이 적절하지 않을 수 있다. 이 점은 미숙한 탓이라고 헤아려주길 바란다.

나는 오랜 경험을 바탕으로, 문장을 쓸 때 가장 필요하면서도 현대 구어체 문장에 특히 부족한 핵심 사항들만 이 책에 담았다. 다른 세부적인 문제나 수사적 기교 등은 학교에서 배울 수도 있고, 이미 유사한 작법서가 많을 거라 생각되어 이 책에서는 언급하지 않았다. 이 책은 '일본인이 일본어로 문장을 쓸 때 가져야 할 마음가짐'을 정리해 놓은 셈이다.

처음 기획했던 내용은 거의 빠짐없이 담았으나 분량 제한으로 예시 인용문을 충분히 싣지 못한 점은 아쉽다. 문장도 文章道, 곧 '글쓰기의 법도'에서 가장 중요한 것은 이론보다 실제라고 생각한다. 그만큼 예시를 들어 구체적으로 설명할 수 있다면 독자들이 보다 쉽게 공감하고 동의할 수 있으리라 믿기 때문이다. 그렇기에 나중에 기회가 된다면 인용문을 중심으로 좀 더 보완한 책을 내고 싶다.

1934년 9월
다니자키 준이치로

차례

서문   5

1 문장이란 무엇인가   11
  언어와 문장   13
  실용적 문장과 예술적 문장   18
  현대문과 고전문   27
  서양의 문장과 일본의 문장   51

2 문장을 능숙하게 쓰는 법   73
  문법에 얽매이지 말라   75
  감각을 갈고닦자   86

3 문장의 요소   103
  문장의 요소는 여섯 가지   105

  용어에 대하여   107
    알기 쉬운 단어를 선택하기   114
    가능한 한 오래전부터 널리 쓰여 온 고어를 선택하기   115
    적당한 고어가 없을 때에는 신조어를 사용하기   118

고어도 신조어도 마땅한 게 없다고 멋대로
기이한 말을 만들지 않기   126
근거 있는 단어라 하더라도 낯설고 어려운
성어^{成語}보다는 귀에 익숙한 외래어와 속어
선택하기   129

어조에 대하여   132
  유려한 어조   133
  간결한 어조   141
  냉정한 어조   146
  표일한 어조   149
  투박한 어조   150

문체에 대하여   155
  강의체   157
  병어체   160
  구상체   161
  회화체   163

체재에 대하여   167
  후리가나와 오쿠리가나의 문제   168
  한자와 가나의 아테지   177
  활자 형태의 문제   190
  구두점 사용   191

품격에 대하여   199
  말이 많고 장황한 표현을 삼갈 것   205
  언어 사용을 함부로 하지 말 것   215
  경어와 존칭을 소홀히 하지 말 것   218

함축에 대하여   226

옮긴이 해설   239
편집 후기   251

1
문장이란 무엇인가

언어와 문장

 인간이 마음속으로 생각한 것을 다른 사람에게 전달하려면 여러 가지 방법이 있다. 가령 슬픔을 호소하려면 슬픈 표정을 짓는 것으로 전달된다. 배가 고플 때는 손으로 먹는 흉내를 내는 것으로도 알 수 있다. 그 외에도 울거나 신음 소리를 내거나 소리를 치거나 노려보거나 탄식하고 때리는 방법도 있고, 이러한 원시적인 방법이 격한 감정을 즉각적으로 전달하는 데 적합할 수도 있다. 하지만 조금 더 구체적이고 세밀한 생각을 정확히 전달하려면, 결국 언어에 의존할 수밖에 없다. 언어가 없을 때의 불편함은 모국어가 통하지 않는 외국 여행을 하면 깨닫게 된다.

 더욱이 언어는 다른 사람과 소통할 때뿐만 아니라, 혼자서 생각할 때에도 필요하다. 우리는 머릿속으로 '이건 이렇게 해야지' '저건 저렇게 해야지' 같은 혼잣말을 하며, 스스로에게 말을 걸고 그것을 들으면서 생각을 정리해 나간다. 그렇게 하지 않으면 자기 생각이 명확해지지 않고, 한 방향으로 모으기 어렵다. 여러분이 수학이나 기하 문제를 풀 때도, 머릿속에서는 반드시 언어가 사용된다. 우리는 또한 고독을 달래기 위해 자기 자신에게 말을 거는 습관을 갖고 있기도 하다. 억지로 무언가를 생각하지 않아도, 혼자 조용히 있을 때 문득 자신 안에 있는 또 한 사람의 자신이 속삭이는 경험을 한 적이 있을 것이다. 그리고 남에게 말을 할 때에도, 우리는 마음속으로 자기가 말하려는 내용을 먼저 정리해 말해 보고 나서 입 밖으로 꺼내는 경우가 많다. 일반적으로 영어를 말할 때는 우선 일본어를 떠올린 후, 머릿속으로 영어로 바꿔 말하는 과정을 거친다. 모국어를 사용할 때에도 조금 복잡한 내용을 말하려면 이와 비슷한 과정을 거치게 된다. 이렇게 보면 언어는 단순히 생각을 전달하는 수단일 뿐만 아니라 생각에 형태를 부여하고, 흩어진 사상을 하나로 묶는 기능도 있다고 할 수 있다.

그런 까닭에서 언어는 매우 편리한 도구이지만, 인간이 마음속으로 생각하는 것은 무엇이든 언어로 표현할 수 있으며, 언어로 전달할 수 없는 사상이나 감정은 존재하지 않는다고 생각하는 것은 잘못이다. 앞에서도 말했듯이, 때로는 울거나 웃거나 소리를 지르는 것이 그 순간의 감정을 더 정확히 전달하기도 한다. 말없이 하염없이 흐르는 눈물이 장황한 말보다 훨씬 더 많은 감정을 전달할 때도 있다. 좀 더 쉬운 예를 들어보자. 도미를 한 번도 먹어본 적이 없는 사람에게 도미의 맛을 설명하려면, 우리는 어떤 표현을 선택해야 할까? 어떤 말로도 그 맛을 완벽하게 전달하기는 어려울 것이다. 이처럼 단 하나의 음식 맛조차 언어로 온전히 전달할 수 없기 때문에 언어는 의외로 불완전한 도구다. 게다가 언어는 사상을 정리하고 모으는 역할을 하는 동시에 사상을 일정한 틀 안에 가두어버리는 한계를 가지고 있다. 가령 분홍색 꽃을 본다고 해도 모든 사람이 그것을 같은 색으로 인식한다고 단정할 수 있을지 의문이며, 눈의 감각이 뛰어난 사람은 평범한 사람이 알아채지 못하는 색의 미묘한 아름다움도 찾아낼 수 있다. 그 사람이 느끼는 색은 보통의 '붉다'라는 개념과는 다를 수 있다. 그러나 언어로 표현해야 하는 상황이 어쨌든 '붉음'에 가장 가깝기 때문에 그 역시 '붉다'라고 말한다. 다시 말해 '붉다'라는 단어가 존재하기 때문에 오히려 그 사람의 실제 감각과는 다른 것이 전달되는 셈이다. 말이 없으면 전달할 수 없지만, 동시에 말이 있기 때문에 오히려 왜곡되는 결과를 낳기도 한다. 이 문제에 대해서는 뒤에서 자세히 설명할 기회가 있을 테니 지금은 여기서 더 언급하지 않겠다. 거듭 언어는 결코 만능이 아니며, 그 기능은 불완전할 뿐만 아니라 때로는 해가 될 수 있다는 점을 잊어서는 안 된다.

다음으로 언어를 말로 표현하는 대신 문자로 나타낸 것이 문장^{文章}이다. 소수의 사람에게 전할 때는 말로 이야기하는 것만으로도 충분하다. 그러나 다수를 상대로 할 때는 일일이 말하는 것이 번거롭다. 또한 입에서 내뱉은 말은 그 순간에만 존재하고 금세 사라져버려 그 이후에는 전달할 수가 없다. 따라서 언어를 문장으로 남겨 많은 사람들이 읽도록 하고, 또한 후대에도 전할 필요가 생긴 것이다. 그렇기 때문에 언어와 문장은 본래 같은 것이며, '언어' 안에 '문장'이 포함된다고도 할 수 있다. 엄밀하게 말하면 '입으로 말하는 언어'와 '문자로 쓰인 언어'로 구분하는 것이 더 정확할지도 모른다. 그러나 같은 내용이라 하더라도 한 번 문자로 기록된 이상, 입으로 말하는 것과 완전히 똑같을 수는 없다. 소설가 사토 하루오^{佐藤春夫}는 '문장은 말하는 대로 써라'라는 원칙을 주장한 적이 있다. 하지만 말하는 대로 글을 썼다 하더라도 문자로 기록된 것을 눈으로 읽는 것과 그 말을 직접 귀로 듣는 것 사이에는 차이가 있을 수밖에 없다. 입으로 말하는 경우 화자의 목소리, 말과 말 사이의 리듬이나 눈짓, 표정, 몸짓, 손짓 등이 포함되지만 문장에는 그러한 요소가 빠지는 대신 문자 사용법과 여러 표현 기법을 통해 그러한 요소들을 보완할 수 있는 장점이 있다. 또한 입으로 말하는 것은 그 순간 청중을 감동시키는 것이 목적이지만, 문장은 되도록 그 감동이 오래 기억되도록 쓰여야 한다. 따라서 말로 하는 기술과 글로 쓰는 기술은 서로 다른 능력에 속하며, 말 잘하는 사람이 반드시 문장을 능숙하게 쓸 수 있는 것은 아니다.

실용적 문장과 예술적 문장

나는 문장을 실용적인 것과 예술적인 것으로 구분할 필요는 없다고 생각한다. 문장의 핵심은 자신의 마음속에 있는 것, 즉 자신이 말하고 싶고, 생각하는 것을 최대한 있는 그대로 또는 명확하게 전달하는 데 있다. 편지를 쓰든, 소설을 쓰든, 문장을 만드는 방법은 결국 그것뿐이다. 옛날에는 '화려한 표현을 버리고 실질을 취한다'는 것이 문장의 본래 취지라고 했던 적이 있는데, 이것은 불필요한 장식을 배제하고 실질적으로 필요한 말만 사용해야 한다는 의미였다. 이렇게 보자면, 가장 실용적인 문장이야말로 가장 뛰어난 문장이라 할 수 있다.

메이지 시대에는 실용적인 것과 거리 먼 **미문체**美文體라는 문체가 있어서 경쟁하듯이 어려운 한자어를 늘어놓고, 어조가 좋은 멋진 문자를 사용해 경치를 묘사하거나 감정을 표현하는 방식이 유행했다. 여기에 그런 문장의 예시가 있으니 읽어보도록 하겠다.

    남조^{南朝}의 연호^{年號} 엔겐^{延元} 3년 8월 9일부터 요시노^{吉野}의 주상께서 병환이 드셨는데, 차츰 병세가 깊어지셨다. 약사여래의 서원에 간절히 기도하였으나 효험을 보지 못하였고, 천축의 기바^{耆婆}와 당나라 편작^{扁鵲}의 신묘한 약을 써보아도 병세는 호전되지 않으셨다. (…) 마침내 왼손에는 『법화경^{法華經}』 제5권을 들고 계시고, 오른손에는 어검^{御劍}을 쥐신 채, 8월 16일 축시^{丑時} 끝내 붕어하시고 말았다. 슬프도다. 북극성처럼 높은 천자에 계셨고, 백관들은 하늘의 별처럼 줄지어 모셔 섬겼으나, 지금 구천을 향하는 길에는 따르는 신하 하나 없다. 어찌해야 한단 말인가. 요시노산의 땅은 외지고, 수많은 병사들이 구름처럼 모여 있다고 하지만 무상^{無常}의 적이 닥쳐옴을 막아낼 병사도 없다. 한낱 강 한가운데서 뒤집힌 배처럼 작은 물결에 떠나니며 어두운 밤에 등불이 꺼지고 새벽 다섯 시에 빗속을 향해 떠나는 듯하였다. (…) 봉분에는 풀만 무성하고 한 줄기 길 위에서 눈물은 다했으나, 슬픔은 한이 없도다. 옛 신하들과 황후들은 울며 울며 사라져가는 천자의 운명을 바라보며 그 원망을 하늘 끝의 달에 더하였고, 패왕^{覇王}의 무덤 위에 이는 바람에 밤낮으로 탄식하며, 이별을 꿈속의 꽃을 그리워하듯 애달프게 슬퍼하였다. 황망한 일이여.

이것은 『태평기^{太平記}』의 고다이고^{後醍醐} 천황 붕어^{崩御}를 다룬 부분이다. 이 글이 쓰였을 남북조 시대(1336-1392)에는 명문으로 평가받았으며, 여기에 사용된 어려운 한자어들에도 분명 깊은 실감이 깃들어 있었을 것이다. 더구나 제왕의 붕어를 기록하는 글이므로 장엄한 문장으로 서술되는 것이 예의에 맞는 표현 방식이었다. 나는 어린 시절에 『태평기』의 이 구절을 대단히 명문이라고 배워 특히 "봉분에는 풀만 무성하고 한 줄기 길 위에서 눈물은 다했으나, 슬픔은 한이 없도다. 옛 신하들과 황후들은 울며 울며 사라져가는 천자의 운명을 바라보며"라는 부분을 지금도 암기하고 있을 정도로 애송했다. 메이지 시대의 미문이라는 것은 바로 이러한 문체에서 영향을 받아 표현을 발전시켰다. 그 시절에는 초등학교 작문 시간에도 어려운 한자어를 일부러 찾아내거나 모으는 연습을 했으며, 천황의 생일인 천장절^{天長節}의 축사, 졸업식의 답사, 벚꽃놀이 기록 같은 글은 모두 이러한 문체로 쓰였다. 그러나 현대인은 이러한 표현 방식이 너무 장식이 많아 자신의 사상과 감정을 표현하기에는 불편하다고 느낀다. 그리하여 이후 이러한 문체는 차츰 사라졌으며 오늘날 실용적이지 못한 문장이라고 하면 바로 이런 식의 글쓰기를 떠올리는 경우가 많다.

여기서 잠깐 미리 말하는데 문장은 운문과 산문으로 나누어 구별하는 경우가 있다. 운문이란 시^{詩}와 노래^{歌}를 가리키며,

이는 인간이 마음속에 있는 것을 다른 사람에게 전달하는 것뿐만 아니라 스스로 깊은 감정을 담아 노래하듯 짓는 것이다. 따라서 운문은 노래하기 쉽도록 글자 수와 음절 수에 일정한 규칙을 정해 그에 맞춰 쓰기 때문에 확실히 일반적인 문장과는 그 목적이 다르다. 그렇기에 문장의 한 형태로 볼 수도 있지만, 보통 산문과는 구별되며 그 나름대로 독자적인 발전을 이루어 왔다. 만약 실용적인 문장과 다르게 예술적인 문장이 존재한다면, 그것은 바로 이 운문일 것이다. 그러나 내가 이 책에서 다루려고 하는 것은 운문이 아닌 문장, 즉 산문에 관한 것이므로 이 점을 미리 이해해 주길 바란다.

그래서 운문이 아닌 문장만을 놓고 본다면 실용적인 문장과 예술적인 문장을 구별할 필요는 없다. 예술적인 목적을 가진 문장도 실용적으로 쓰일 때 더욱 효과적이기 때문이다. 과거에는 말을 그대로 옮기지 않고, 문장을 쓸 때 구어口語와 다른 표현을 사용했다. 또한 당시에는 일반 사람들이 쓰는 속어가 문장에서 사용되는 것이 결례로 여겨졌기 때문에, 일부러 현실과 거리를 두고 수사修辭를 가미한 미문美文이 유행했던 시대도 있었다. 그러나 오늘날은 그런 시대가 아니다. 현대인은 아무리 유려하고 세련된 문장이라 하더라도, 그 뜻이 명확하게 전달되지 않으면 아름답다고 느끼지 않는다. 이는 곧, 단순히 고상하고 우아한 문장을 듣는 것이 예의라고 받아들였던 과거의 사고방식과는 달라졌다는 것을 의미한다. 가장 중요한 것은 우리의 사고방식, 생활 방식 그리고 외부 세계의 변화가 과거에 비해 훨씬 풍부하고 정밀해졌다는 점이다. 따라서 사전을 뒤져가며 옛사람들이 오랫동안 사용했던 표현을 끌어온다 해도 현대의 사상과 감정, 사회적 사건과는 맞지 않는 경우가 많다. 그렇기 때문에 현실을 효과적으로 전달하는 글을 쓰려면 될 수 있는 한 구어에 가까운 문체를 사용해야 하며, 필요에 따라서 속어나 신조어, 심지어 외국어까지도 적절히 활용해야 한다. 운문과 미문에서는 알기 쉽게 쓰는 것뿐만 아니라 눈으로 보기에도 아름답고 귀로 듣기에도 유려한 표현이 요구된다. 하지만 현대의 구어문에서는 오로지 '쉽고 명확하게 전달하는 것'이 가장 중요한 요소다. 물론 앞서 말한 아름다움과 유려함의 다른 두 가지 조건도 갖출 수 있다면 좋겠지만, 그것을 지나치게 의식하면 오히려 알기 쉽게 쓰는 것이 어려워진다. 실제로 현대사회는 그만큼 복잡해졌으며, 이러한 복잡한 세상을 알기 쉽게 쓴다는 것 하나만으로도 문장이 감당해야 할 역할은 충분히 벅차다.

  문장을 통해 표현되는 예술 형태 중 하나가 소설이다. 그러나 예술이란 생활과 분리된 것이 아니라, 오히려 그 무엇보다도 생활과 밀접한 관계를 맺고 있다. 그러므로 소설에서 사용되는 문장은 실생활에 기반한 것이어야 한다. 혹시 소설에는 어떤 특별한 표현 방식이나 문체가 있다고 생각한

다면, 현대 소설 중 하나를 골라 직접 읽어보기를 바란다. 그러면 소설 속 문장이라고 해서 실생활에 도움이 되지 않는 표현은 없으며, 반대로 실용적인 문장이라고 해서 소설에 쓰일 수 없는 것은 없다는 점을 알게 될 것이다. 다음으로 소설 문장의 예시로 시가 나오야^{志賀直哉}의 『기노사키에서^{城の崎にて}』의 한 구절을 인용해 보겠다.

 내 방은 2층으로 옆방이 없는 비교적 조용한 좌식 방이었다. 책을 읽거나 글을 쓰다 지치면 자주 툇마루의 의자로 나가곤 했다. 옆이 현관 지붕으로 그것이 집과 연결되는 부분은 나무 패널로 막혀 있다. 그 패널 속에 벌집이 있는 듯, 호랑나비 무늬를 가진 크고 살찐 벌들이 날씨만 좋으면 아침부터 해 질 무렵까지 쉬지 않고 바쁘게 일하고 있었다. 벌들은 패널의 틈에서 빠져나오면 먼저 현관 지붕 위에 내려앉았다. 그곳에서 날개와 더듬이를 앞다리와 뒷다리로 정중하게 살피더니 잠시 주위를 걸어 다니는 녀석도 있었지만, 곧 가늘고 긴 날개를 양쪽으로 쫙 펼쳐 부-웅 하고 날아오른다. 날아오르자 갑자기 속도를 높여 멀리 날아간다. 안쪽에는 팔손이나무 꽃이 마침 만개해 있었고, 벌들은 그 꽃에 떼 지어 모여들었다. 나는 무료할 때면 자주 난간에 기대어 벌들의 움직임을 바라보곤 했다.

 어느 아침이었다. 나는 한 마리의 벌이 현관 지붕 위에서 죽어 있는 것을 발견했다. 다리를 배 아래로 웅크리고 있었으며, 더듬이는 축 늘어져 얼굴을 덮고 있었다. 다른 벌들은 모두 냉담했다. 벌집을 바쁘게 드나들며, 그 옆을 지나가도 신경 쓰는 기색이 거의 없었다. 부지런히 움직이며 일하는 벌은 너무나도 살아 있는 존재라는 강한 느낌을 주었다. 그 옆에서 한 마리, 아침도 낮도 저녁도 볼 때마다 한 자리에 그대로 엎드려 전혀 움직이지 않는 벌을 바라보고 있자니, 그것이 또한 너무나도 죽은 것이라는 느낌을 주었다. 그것은 사흘 동안 그대로 있었다. 그것은 보고 있으니 너무나도 조용한 느낌을 주었다. 쓸쓸했다. 다른 벌들이 모두 벌집으로 들어가버린 황혼 무렵, 차가운 기와 위에 홀로 남겨진 죽은 벌을 보는 것은 참 쓸쓸했다. 그러나 그것은 너무나도 조용했다.

고인이 된 아쿠타가와 류노스케芥川龍之介는 이 『기노사키에서』를 시가 나오야의 작품에서 가장 뛰어난 것 중 하나로 꼽았다. 그렇다면 이러한 문장을 과연 실용적이지 않다고 말할 수 있을까. 이 작품에서는 온천에 요양 중인 인물이 숙소 2층에서 죽은 벌을 보는 기분과 그 벌의 모습을 묘사하고 있다. 그리고 그 묘사는 간결한 표현으로 정확하게 이루어지고 있다. 이렇듯 간결한 문장으로 사물을 선명하게 그려내는 기법은 실용적인 문장을 쓸 때에도 중요한 요소다. 이 문장 어디에도 어려운 단어나 둘러말하는 표현이 들어가 있지 않다. 보통 우리가 일기를 쓰거나 편지를 쓸 때 사용하는 단어와 같은 표현을 사용했을 뿐이다. 그러나 그럼에도 작가는 매우 세밀한 부분까지 놓치지 않고 묘사하고 있다. 특히 내가 강조한 부분을 보면, 작가가 벌의 움직임을 세심하게 관찰하여, 본 것을 있는 그대로 기록했음을 알 수 있다. 그것이 독자에게 확연하게 전달되는 이유는 불필요한 표현을 최대한 생략하고, 쓸데없는 요소를 과감하게 덜어냈기 때문이다. 예를 들어 마지막 부분의 "그것은 보고 있으니 너무나도 조용한 느낌을 주었다"는 문장 다음에 갑자기 "쓸쓸했다"라고 이어지는데, 여기서 '나는'이라는 주어를 생략하고 단지 "쓸쓸했다"라고 씀으로써 더욱 효과를 극대화시킨다. 또한 "다른 벌들이 모두 벌집으로 들어가버린 황혼 무렵, 차가운 기와 위에 홀로 남겨진 죽은 벌을 보는 것"이라는 곳도 보통이라면, "날이 저물자, 다른 벌들은 모두 벌집으로 들어가버려서 그 죽은 벌만이 차가운 기와 위에 홀로 남겨져 있었는데 그것을 바라보니"라는 식으로도 쓸 수 있다. 하지만 작가는 더 간결하게 줄였고, 그 문장 덕분에 글이 더욱 명료해졌다. 즉 "화려한 표현을 버리고 실질을 취한다"는 것은 불필요한 장식을 제거하고 꼭 필요한 것만 남기는 방식이며, 그렇기에 이보다 더 실용적인 문장은 없다고 할 수 있다. 그렇다면 가장 실용적으로 쓴다는 것이 곧 예술적인 기교를 필요로 하는 일이기도 하다. 그리고 이는 결코 쉽게 익힐 수 있는 기술이 아니다.

다만 이 시가 나오야의 문장을 보면 '쓸쓸했다'는 말이 두 번, '조용한'이라는 형용사가 두 번 반복되고 있다. 그러나 이 반복은 조용함과 쓸쓸함을 더욱 강조하는 효과적인 표현 기법으로 결코 불필요한 것이 아니다. 그 이유는 바로 다음 단락에서 설명하겠지만, 바로 이러한 기교야말로 문장을 예술적으로 만드는 요소라고 할 수 있다. 그렇다고 해서 이러한 표현 방식이 실용적인 목적과 상충되는 것은 아니다. 실용적인 문장에서도 이러한 기교가 활용된다면 더욱 효과적일 수 있다.

오늘날 우리는 '실용, 실용'하며 실용문이라는 말을 흔히 사용한다. 광고, 선전, 통신, 보도, 각종 팸플릿 등에서 자주 등장한다. 실용적인 문장은 그 활용 범위가 매우 넓고 어느 정도의 예술성을 필요로 하기도 한다. 즉 실용성과 예술성의 경계는 점점 흐려지고 있다. 예를 들어 재판소의 조서 같은 문서는 예술성과 가장 거리가 먼 기록물처럼 보이지만, 실제로는 범죄 상황과 시간, 장소 등을 정밀하게 서술하고, 피고와 원고의 심리 상태까지 깊이 있게 그려낸다. 어떤 경우에는 소설보다도 더 큰 몰입감을 주기도 한다. 그렇다면 문장을 잘 쓰는 능력은 앞으로 어떤 직업에서도 중요한 자질이 될 것이며, 미리 익혀두는 것이 매우 중요하다.

현대문과 고전문

앞서 나는 구어체 문장이 오늘날의 추세에 가장 적합하다고 말했는데, 그렇다고 문어체 문장은 참고할 가치가 없다는 뜻은 아니다. 구어체든 문어체든 모두 일본어에서 발전한 형태이므로, 그 근본도 같고 그 안에 담긴 정신도 같다. 그런 의미에서 구어체를 능숙하게 쓰는 요령과 문어체를 능숙하게 쓰는 요령은 본질적으로 다르지 않다. 문어체의 정신을 무시한 구어체는 결코 훌륭한 문장이라고 할 수 없다. 그러므로 우리는 반드시 문어체 문장을 연구할 필요가 있다.

고전 문학의 문장은 모두 소위 문어체로 쓰여 있는데 대체로 고유 일본어 문장조和文調와 한문조漢文調로 나눌 수 있다. 고유 일본어 문장조란 사실상 아주 오래전의 구어체를 의미한다. 예를 들어 『도사일기土佐日記』나 『겐지 이야기源氏物語』의 문체는 당시 사람들이 말하던 그대로 기록한 것이다. 즉 그 무렵의 언문일치체였던 셈이다. 그러나 시간이 지나면서 구어체가 변해버렸기 때문에 이러한 문체는 결국 문자로만 남아 문어체로 정착되었다. 한문조는 『호겐 이야기保元物語』나 『헤이지 이야기平治物語』 같은 전쟁 이야기에서 사용되기 시작한 문체로 기존의 일본어에 한자를 혼용하고, 한문을 일본식으로 훈독訓讀하면서 특별한 비유를 더하여 표현한 형식으로 소위 **화한혼교문**和漢混交文을 말한다. 이 두 문체 가운데 고유 일본어 문장조는 이제 완전히 사라져버렸다. 메이지 시대까지는 의고문擬古文이라 불러 작문 시간에 가끔 배웠지만 아무래도 활용하는 쪽이 없었기 때문에 오늘날에는 배우는 사람도 없다. 그에 비하면 한문조는 아직 어느 정도인가 사용되고 있다. 조심스러운 예이지만 여러분이 아는 교육칙어敎育勅語*는 훌륭한 화한혼교문의 모범이라 해도 좋다. 그 밖에 임금이 그때그때 내리는 조칙詔勅의 문체는 전체가 훌륭한 한문조인데 민간에서도 축사나 식사式辭, 조사弔辭 등의 한껏 격식 차린 문장은 한문조로 쓴다. 하지만 이 역시 이전에 비하면 계속 적어지고 있다. 근래는 장례식에 가봐도 구어체 조사를 듣는 일이 드물지 않기 때문에 점점 한문조도 완전히 사라지는 것이 분명하다.

 나는 조금 전, 지금 세상은 너무나 복잡해졌기 때문에 예

---

*   1890년에 발포된 '교육에 관한 칙어'로 제국 일본의 교육 이념을 제시한 왕의 교시를 말한다.

전의 문어체처럼 조잡한 표현만으로는 도저히 시대의 요구를 충족시킬 수 없으며, 현대인이 '알기 쉽게' 이해하기 위해서는 반드시 구어체를 사용해야 한다고 말했다. 또한 오늘날의 구어체 문장에서는 과거처럼 글자 모양과 음조의 아름다움만을 고려할 수 없으며, 독자가 '쉽게 이해할 수 있도록' '잘 알아들을 수 있도록' 쓰는 데에 더 많은 노력을 기울인다고 했다. 여기까지는 앞서 언급한 내용과 같지만, 한 가지 더 여러분의 주의를 환기하고 싶은 점은 **'알기 쉽도록' 쓰는 데에도 분명한 한계가 존재한다**는 사실이다.

이미 나는 이 책 서두에서 언어는 결코 만능이 아니며, 그 기능이 예상외로 불완전하고 때로는 해로울 수 있다는 점을 미리 언급한 바 있다. 하지만 현대인들은 이러한 사실을 쉽게 잊어버린다. 그리고 구어체로 된 문장이라면 어떤 내용이든 '알기 쉽도록' 쓸 수 있다고 단순하게 여긴다. 그러나 그렇게 생각한다면 큰 오산이라는 점을 여러분은 항상 명심해야 한다. 메이지 시대 말기부터 구어체라는 편리한 문체가 정착되면서, 단어와 문자에 구애받지 않고 말하는 대로 쓰면 된다는 인식이 퍼졌다. 그 결과 어떤 미묘한 내용이든 풍부한 어휘를 사용하기만 하면 표현하지 못할 것이 없다는 잘못된 생각이 앞서기 시작했고, 요즘 사람들은 무조건 많은 단어를 사용하는 경향을 보인다. 물론 메이지 시대 이후 어휘 수가 비약적으로 늘어난 것은 사실이다. 예전에는 상상도 할 수 없었던 다양한 명사와 형용사가 생겨났고, 외국어를 번역한 학술 용어나 전문 용어도 무수히 등장했으며 오늘날에도 계속해서 신조어가 생겨나고 있다. 그래서 사람들은 앞다투어 그 수많은 어휘들을 활용해, 어떤 주제를 다룰 때에도 매우 세세한 수준까지 파고들 수 있게 되었고, 그 결과 문장은 점점 방만해졌다. 문어체로 한두 줄이면 끝날 내용을 다섯 줄, 여섯 줄로 늘어놓는 일이 흔해진 것이다. 사람들은 이렇게 많은 어휘를 사용하면 더 알기 쉬워질 것이라고 착각하지만, 실제로는 그렇지 않다. 글을 쓴 당사자는 가려운 곳을 시원하게 긁어준 것처럼 모든 것을 다 말한 듯하지만, 읽는 사람 입장에서는 도리어 말이 많기만 할 뿐 핵심이 무엇인지 알기 어려울 때가 많다. 실제로 구어체 문장의 가장 큰 단점은 표현의 자유로 인해 문장이 길고 느슨해지기 쉽고, 쓸데없는 말들이 중복되어 내용을 이해하기 어렵게 만든다는 점이다. 그렇기 때문에 지금 가장 시급한 과제는 구어체의 이러한 방만함을 줄이고, 가능한 한 문장을 단순화하는 것에 있으며, 결국 이는 고전문이 지녔던 정신으로 되돌아가는 것 이외는 방법이 없다.

문장을 쓸 때 가장 중요한 요령, 즉 독자가 '이해할 수 있도록' 전달하는 비결은 언어와 문자로 표현할 수 있는 것과 표현할 수 없는 것의 한계를 알고, 그 한계 안에 머무르는 자세를 갖는 것이다. 예로부터 명문가名文家라고 불리는 사람은 모두 이러한 마음가짐을 갖고 있었다. 왜냐하면 옛날에는 어휘가 적은 데다 전례前例와 출전을 근거로 삼아야 했기 때문에 언어의 선택 폭이 매우 제한되어 있었다. 자연을 묘사하거나 마음속 감정을 표현하는 데 사용되는 말들 역시 다양하지 않았고, 지는 꽃을 아쉬워하거나 밝은 달빛에 감탄하거나 인생의 덧없음을 한탄할 때에도 사람마다 세세한 감정의 차이는 있겠지만, 그것을 표현하는 말은 대체로 정해져 있었다. 그럼에도 불구하고 고전의 문장을 읽어보면, 같은 말이 여러 번 반복되어 쓰이고 있음에도 그 표현이 지닌 여운은 더 깊고 풍부하다. 그것은 바로 한정된 표현이라 할지라도 쓰는 사람의 태도와 맥락에 따라 그 말이 스스로 상황에 맞게 확장되고, 표현 하나하나가 마치 달 주위에 생기는 무리처럼 아련한 여운과 깊이를 만들어 내기 때문이다.

아시가라야마足柄山라는 산은 사오일 전부터 무시무시한 느낌의 어둠이 짙게 깔려 있었다. 서서히 가까워지는 산기슭에서도 하늘 풍경이 뚜렷하게 보이지 않았다. 이루 말할 수 없이 나무가 빽빽하게 우거져 매우 무시무시한 느낌이었다. 산기슭 숙소에 머물고 있을 때 달도 뜨지 않는 어두운 밤, 어둠 속에서 길을 잃은 듯한 여자 세 명이 어디서 왔는지도 알 수 없이 홀연히 나타났다. 나이가 쉰 살쯤 되어 보이는 여자 한 명, 스무 살쯤 된 여자 그리고 열

댓 살 정도로 보이는 여자였다. 암자 앞에 큰 우산을 세워 두고 앉아 있었다. 남자들이 불을 켜고 보니 그중 하나가 명성이 높았던 유녀 고하타의 손녀라고 한다. 머리는 매우 길고 앞머리가 이마에 드리워졌으며 얼굴도 희고 말쑥해서 사람들이 어느 대갓집에서 일하는 사람이라 해도 믿겠다며 감탄하는데 목소리가 굉장히 빼어나서 하늘 높이 맑게 울려 멋지게 노래했다. 사람들이 매우 감탄하며 "서국西國에는 이렇게 노래 잘하는 사람은 없을걸세"라고 말하니 "나니와難波에 비한다면"이라며 멋지게 노래했다. 보기에도 매우 말쑥하고 목소리까지 빼어나게 노래하며 아주 무시무시한 느낌의 산중을 지나가는 모습을 사람들이 못내 아쉬워하며 모두 슬퍼하는 것을 보고 어린 마음에도 떠나보내는 것이 못내 아쉬웠다.

아직 새벽녘이었지만 아시가라야마를 넘었다. 산속으로 갈수록 무시무시한 느낌은 말로 다 할 수 없었다. 구름이 발밑에 깔렸다. 산 중턱쯤에서 나무 아래 족두리풀이 세 가닥 자라고 있는 것을 보았다. 세상과 멀리 떨어진 이 깊은 산중에서조차 이렇게 자라고 있다며 사람들이 감탄했다. 그 산에는 물이 흐르는 곳이 세 군데 있었다.

— 『사라시나 일기更科日記』

이 문장은 지금으로부터 900년 전에 쓴 것으로 가즈사노스케上総介* 스가와라 다카스에菅原孝標의 딸이 열세 살 때 아버지를 따라 도성에 올랐던 것을 그로부터 40년이 지난 후에 떠올린 건데 이 글에서는 같은 말을 몇 번이나 반복해 사용하고 있다. 아시가라야마는 어떤 산인가 하면 "무시무시한 느낌의 어둠이 짙게 깔려 있는" 산이라고 한다. 그리고 "나무가 빽빽하게 우거져 매우 무시무시한 느낌이었다"라든가, "산속으로 갈수록 무시무시한 느낌은 말로 다 할 수 없었다"라든가 산을 말하는 데에 '무시무시한 느낌'이라는 말만 알고 있는 듯하다. 또 '감탄한다'라는 말도 세 번이나 나온다. 시골 여자가 능숙하게 노래를 부르는 것을 들어도, 깊은 산속의 큰 나무 아래 족두리풀이 세 가닥 보여도 사람들은 '감탄한다'라고 한다. 여자의 얼굴은 "희고 말쑥"하다고 하고, "보기에도 매우 말쑥"하다고 말하고 있다. 그리고 그 노랫소리는 "굉장히 빼어나서 하늘 높이 맑게 울려"라며 "목소리까지 빼어나게 노래하며"라고 한다. 그 밖에 "멋지게"라는 부사, "못내 아쉬워하다"라는 동사가 두 번 나온다. 이것만 봐도 옛날에는 얼마나 단어 수가 적었는지 알 수 있는데, 그에 비해 작자가 말하려 하는 것은 대체로 명료하게 표현되었다. 다만 '무시무시한 느낌'이라고 말하는 것만으로도 나무들이 아주 빽빽한 산의 모습이 상상된다. '감탄한다'라는 한 단어로도 세 여자를 둘러싼 흥겨운 남자들의 모습이 보여

---

*   가즈사노쿠니(현재 치바현)의 국사 차관의 관직명.

그들이 여행의 우울함을 잊고 노래를 칭찬하거나 기량을 높이 사는 목소리가 들려오는 것처럼 느껴진다. 이렇게 보면 이런 소박한 표현으로도 거의 충분해서 이 시기의 사람들은 '멋지다' '재미있다' '아름답다'라는 간단한 형용사를 여러 가지 의미로 나누어 사용했다. 또한 "달도 뜨지 않는 어두운 밤, 어둠 속에서 길을 잃은 듯한" 하는 부분, "남자들이 불을 켜고 보니 그중 하나가 명성이 높았던 유녀 고하타의 손녀라고 한다. 머리는 매우 길고"라는 부분은 불과 두세 줄의 단문이다. 하지만 밤길을 거닐다 우연히 만났던 예능인 여자들의 신기한 아름다움과 그것을 본 여행자들의 가벼운 놀라움이 어렴풋이 떠오른다. "불을 켜고"의 불은 등불인지 횃불인지 화톳불인지는 알 수 없으나 "암자 앞에 큰 우산을 세워 두고"라고 되어 있어서 여자들은 정원이나 오가는 길 위에 앉아 있고, 거기에 일행의 남정네들이 아마도 종이로 만든 촛불 아니면 횃불을 밝혔을 것이다. 흔들리는 불빛 그림자에 붉게 비치는 여성들, 이 부분은 진귀한 옷차림과 용모, 자태, 그 뒤에 이어지는 칠흑 같은 밤의 어둠, 새까만 하늘에 솟아 있는 아시가라야마 산의 위용 등이 몽롱하게 눈에 비친다. "목소리가 굉장히 빼어나서 하늘 높이 맑게 울려"라고 하는 "높이 맑게 울려"의 한 구절도 좋다. 이 여행은 9월 3일에 가즈사노쿠니上總國를 떠나서 늦가을 무렵이기 때문에 차디차고 냉랭한 기운이 스미는 밤하늘에 맑은 노랫소리가 투명하게 울려 퍼지는 그 느낌이 이 한 구절에 잘 나타난다. "나니와에 비한다면"이라고 노래의 서두만을 써놓은 것을 보면 그 후의 이야기를 기억하지 못하는 듯해도 이러한 방식의 글 쓰기는 여정이 있어서 좋다. 알고 있는 말들이 적어서 이런 식으로 썼을 것이다. 하지만 정답고 알기 쉬운 글자를 사용했기에 다른 사람에게 감명을 주는 깊이는 장황한 구어문에 전혀 뒤지지 않는다.

그리고 나는 고전이 지니는 글자 모양과 음조의 아름다움 역시 어느 정도까지—아니, 때로는 상당히 많이—참고할 필요가 있다고 생각한다. 이는 앞서 말한 내용과 다소 모순되어 보일 수 있지만, 더 깊이 생각해보면 구어체 문장이라 하더라도 문장의 **음악적 효과**나 **시각적 효과**를 완전히 무시해도 된다고 말할 수 없다. 왜냐하면 다른 사람에게 '알기 쉽도록' 글을 쓰기 위해서는 글자의 형태나 소리의 리듬도 문장 표현에서 중요한 역할을 하기 때문이다. 물론 독자 입장에서는 글자의 형태나 소리의 리듬과 같은 요소를 의식하지 않고 읽을지도 모른다. 하지만 눈과 귀를 통해 전달되는 감각적인 쾌적함이 문장의 이해를 얼마나 잘 도와주는지는 좋은 문장을 쓰는 사람이라면 누구나 알고 있는 사실이다. 애초에 말이라는 것이 불완전한 도구인 만큼 **우리는 독자의 눈과 귀에 울림을 줄 수 있는 모든 요소를 동원해서 표현의 부족함을 얼마든지 채울 수 있다.** 예를 들어 예전처럼 인쇄 기술이 발달하지 않았던 시절에는 글씨의 서투름이나 능숙함, 종이의 질, 먹의 농담濃淡까지도 문장의 이해에 적지 않은 영향을 주었을 것이다. 독자가 눈으로 보고 이해한 것이라면, 그 눈을 통해 전달된 감각적 요소 전체가 인상에 남지 않을 리 없다. 그래서 그런 경우에는 그 요소들이 문장의 내용과 하나로 엮여서 머릿속에 오래도록 기억되게 된다. 나는 어린 시절에 외웠던 고전 시가집 『백인일수百人一首』의 와카和歌를 지금도 종종 떠올리곤 한다. 그럴 때면 반드시 그 와카가 적혀 있던 가루타歌留多*의 글자 모양이 눈에 선하게 떠오른다. 당시는 지금처럼 표준 가루타가 아니라, 초서체나 변형 가나로 쓴 달필이 많아 '오랜久方の'이라는 구절이 떠오르면, 그 '오랜久方の'이 쓰인 시와 함께 그 가루타에 쓰였던 서체도 함께 기억난다. 아마 여러분에게도 이런 경험이 있을 것이다. 특히 와카의 경우에는 후지와라 사다이에藤原定家나 후지와라 유키나리藤原行成 같은 인물이 쓴 아름다운 한 장의 색지나 와카가 적힌 가느다란 긴 종이 단자쿠短冊의 이미지로 기억되어 있을 것이다. 오늘날 대부분의 문장은 활자로 인쇄되지만, 그렇다고 해서 서체의 중요성이 사라진 것은 아니다. 어떤 문장이 독자의

---

* 일본의 와카 100편을 모은 『백인일수』에는 시인 백 명의 시 한 수씩이 실려있다. 이 시들을 활용한 게임에서는 낭독자가 시의 뒷부분, 하단 시구를 읽으면, 참가자들이 그에 해당하는 시의 앞부분, 상단 시구에 적힌 카드를 찾아 손으로 재빨리 집는다. 이때 사용되는 상하단 시구가 적힌 카드를 가루타라고 부른다.

기억에 남을 때는 그 내용을 담고 있던 활자의 서체까지 함께 각인되기 마련이고, 나중에 그 문장을 다시 떠올릴 때에도 그 글자 모양이 함께 되살아나는 경우가 많다. 그러므로 오늘날 손으로 글씨를 멋지게 쓰지 못하는 것이 문제가 되는 것은 아니지만, 1단으로 혹은 2단으로 할지의 조판 방식 문제 그리고 활자의 종류와 크기, 고딕체로 할지 포인트로 할지, 4호 활자를 쓸지, 5호 활자를 쓸지, 아테카타宛て方* 혹은 어떤 단어를 한자로 쓸지, 히라가나로 쓸지, 가타카나로 쓸지 등은 그 문장이 전달하고자 하는 이론, 사실, 감정을 독자가 이해하는 데 있어 적지 않게 도움이 되거나 혹은 방해가 되기도 한다.

문장의 첫 번째 조건은 '알 수 있도록' 쓰는 데 있고, 두 번째 조건은 '오랫동안 기억하도록' 쓰는 데 있는데 구어와 문어의 차이는 주로 이 두 번째 조건에 있기 때문에 그 역할의 중요성은 어쩌면 이쪽이 더 클지도 모른다. 이처럼 생각을 더 발전시켜 보면 문자 체재, 즉 **글자 모양**字画이 한층 더 중대한 요소가 된다. 조금 전에 예로 들었던 『백인일수』에서 알 수 있듯이 내가 고전 시를 종종 기억할 수 있는 것은 대부분 그 아름다운 서체 덕분이다. 나는 그 고전 시를 떠올릴

---

*   외래어를 표기할 때, 그 발음을 한자로 옮겨 적는 방식을 말한다. 예를 들어 '커피'는 일본어로 'コーヒー'라고 가타카나로 쓰지만, 이를 한자로 '珈琲'라고 표기하기도 한다. 이는 외래어인 'coffee'의 소리를 기준으로 의미와는 상관없는 한자를 대응시켜 표기하는 방식이다.

때, 그것이 쓰인 가루타의 촉감을 함께 떠올리고, 그것을 가지고 놀던 어린 시절 정월 밤의 기억을 함께 되살리며 말로 표현할 수 없는 그리움을 느낀다. 서양 문장에서도 이러한 감성은 있겠지만 우리는 우리에게 고유한 형상문자^{形象文字}를 사용하고 있기 때문에 글자의 형태가 독자의 눈에 주는 감각적 효과를 활용하는 것은 비록 활자의 시대라 하더라도 어느 정도까지 유효하며, 장래에 일본어가 로마자로 바뀌지 않는 한 우리에게만 허용된 이 특별한 이점을 쉽게 버릴 수는 없다. 이렇게 말하면 누군가는 그것이 문장의 본질을 흐리는 방향이라 말할지도 모르지만, 그러나 글자 모양이라는 것은 좋든 싫든 문장의 내용에 영향을 줄 수밖에 없다. 특히 형상문자와 음표문자가 함께 쓰이는 일본어 같은 언어에서는 그 영향이 더 크다. 그렇다면 문장을 쓰는 목적과 잘 어울리도록 그 영향을 적절히 조절하고 고려하는 것은 당연한 일이다.

다만 오해가 없도록 미리 말하자면 여기서 '글자 모양'이란 결코 어려운 한자를 쓰는 것만을 뜻하지 않는다. 요즘에는 일부러 한자어를 가타카나로 표기, 예를 들어 '분개^{憤慨}'를 'フンガイ'라고 써서 어떤 효과를 노리는 표현 방식이 유행하고 있는데, 이것도 내가 말하는 글자 모양을 고려하는 예에 해당한다. 이런 설명을 덧붙이는 이유는 서양에서 하나의 단어에 하나의 표기 방식만 있기 때문이다. 예를 들어 '책상'은 영어로 'desk'라고 쓸 수밖에 없다. 중국도 마찬가지다. 하지만 일본에서는 한자 '机', 히라가나 'つくえ', 가타카나 'ツクエ'처럼 세 가지 방식으로 표기할 수 있다. 그렇다면 일부러 평범한 한자어를 히라가나와 가타카나로 바꿔 쓰는 것은 독자의 시선을 끌고 기억에 남도록 하는 하나의 표현 수단이 될 수 있는 것이다. 그리고 '보기 좋은 문자'라는 개념 역시 한자에만 해당하지 않는다. 한자는 한 글자만 놓고 보면 아름다운 느낌을 줄 수 있지만 여러 글자를 이어서 썼을 때는 전체적으로 그다지 아름답지 않다. 한자를 히라가나와 가타카나 속에 섞어 쓰면 전체적인 균형이 깨지고 투박해 보일 수도 있다. 반면, 일본의 히라가나는 문자 그 자체에 부드러운 인상이 있고 연결된 모양이 정말 아름답다. 게다가 한자는 획수가 복잡하기 때문에 오늘날처럼 작은 활자로 인쇄되면 그 고유한 아름다움이 크게 줄어들지만 히라가나는 획수가 간단해서 작은 글씨로 써도 그 매력을 유지할 수 있다. 말하고 싶은 것은 글자 모양의 쾌감이다. 이런 요소들까지 모두 고려해서 문장을 쓴다는 의미다.

 하지만 현대의 구어체 문장에서는 음조音調의 미美, 다시 말해 눈보다도 귀에 감동을 주는 효과가 크게 줄어들었다. 현대인들은 '읽는다'고 하면 대부분 소리 내지 않고 읽는 '묵독한다'를 떠올리고 실제로도 소리 내서 읽는 습관이 거의 사라졌기 때문에 자연스럽게 문장의 음악적 요소를 소홀히 하게 된 것이다. 이것은 글을 쓴다는 일에 있어 매우 안타까운 현실이라 하지 않을 수 없다. 서양 특히 프랑스에서는 시나 소설의 **낭독법**에 대한 연구가 활발하게 이루어지고 낭독회도 자주 열린다. 그리고 고전뿐만 아니라 현대 작가들의 작품도 낭독의 대상이 되곤 한다는데, 그렇다면 정말 문장의 건전한 발달을 기대할 수 있어서 프랑스 문학이 지금처럼 왕성한 것도 우연이 아닐 것이다. 그에 반해 일본에서는 지금까지 낭독법이라는 개념조차 거의 존재하지 않고 그에 대한 연구 역시 들어본 적이 없다. 최근 오사카의 오사카방송국에서 도미타 사이카富田砕花가 시 낭독을 방송했고, 이어 도쿄방송국에서는 후루카와 롯파古川緑波가 나쓰메 소세키의 『도련님』 한 구절을 낭송했다고 하니 라디오를 통해 이 분야가 점차 개척되어 가는 중일지도 모른다. 나는 도미타 사이카처럼 낭독에 뛰어난 인물들이 학교에 초청되어야 한다고 생각하며 한문, 국어 교사들은 일정 수준의 낭독술이 있어야 한다고 본다. **내가 이렇게까지 강조하는 이유는 오늘날처럼 소리 내어 읽는 습관이 사라지고 있는 시대라 해도 사람은 소리를 완전히 배제한 채 글을 읽을 수는 없기 때문이다.** 사람은 마음속으로 문장을 음독하듯 소리 내어 읽고, 그 소리를 귀로 들으며 이해한다. 묵독을 해도 결국은 음독과 같은 방식으로 글을 받아들이는 셈이다. 이미 음독 방식으로 읽고 있다면 자연히 억양이나 악센트를 붙여 읽게 된다. 그러나 문제는 낭독법이 제대로 공식화되어 있지 않다 보니 그 억양이나 악센트가 사람마다 제각각 다르다는 점이다. 이건 특히 리듬과 음악성에 고심해 문장을 쓰는 나 같은 소설가에게는 독자가 억양을 잘못 읽을 우려가 있기에 치명적인 문제다. 나 역시 글을 쓸 때마다 늘 생각하는 것이 독자들이 이 문장을 어떤 억양으로 읽게 될까 하는 점이다. 왜냐하면 지금처럼 이런 식의 문장은 이런 억양으로 읽는다는 대략적인 기준이 제시되지 않은 상황에서는 의도와 다른 억양으로 읽힐 가능성이 항상 존재하기 때문이다.

대체로 현대인들은 사소한 내용을 서술할 때조차도 과도하게 한자를 남용하는 경향이 있다. 이런 현상은 메이지 시대 이후 여러 숙어가 급격히 생성되면서 일본식 한자어가 증가한 데 따른 결과라 할 수 있다. 이와 같은 폐해에 대해서는 뒤에 나올 '용어에 대하여'에서 자세히 설명할 테지만, 그 폐단의 한 원인은 오늘날 소리 내어 읽는 습관인 음독이 사라지고 문장의 음악적 효과 즉 리듬과 억양 등의 요소가 경시되고 있다는 점이라고 본다. 문장이란 본래 '눈으로 이해하는 동시에 귀로도 이해하는 것'이다. 그러나 근래의 젊은 세대는 봐서 이해되면 그만이라는 생각에서 단순히 쓰기만 하면 된다는 태도로 어감이나 음조는 고려하지 않은 채 '-적, -적' 같은 추상적 표현을 중심으로 한자어를 무분별하게 나열한다. 하지만 우리는 글을 읽는 순간, 눈으로 이해함과 동시에 귀로도 받아들인다. 눈과 귀가 함께 작동하여 문장을 읽어내는 것이다. 그래서 한자어를 한꺼번에 과도하게 늘어놓으면 귀가 눈의 속도에 따라가지 못하고 글자 형태와 소리가 따로따로 머릿속에 입력되기 때문에 결과적으로는 문장의 내용을 이해하는 데 불필요한 노력을 들이게 된다. 그렇다면 여러분이 글을 쓸 때, 그 문장을 실제로 소리 내어 암송해 보고 자연스럽게 줄줄 말할 수 있는지 스스로 확인해 볼 필요가 있다. 만약에 그 문장이 입에 잘 붙지 않고 술술 읽히지 않는다면, 그건 독자의 머릿속에도 쉽게 남지 않는 나쁜 문장이라고 봐도 무방하다. 실제로 나도 젊은 시절부터 지금까지 줄곧 이 습관을 유지하고 있는데 이런 점에서 낭독법을 소홀히 해서는 안 된다고 생각한다. 만약 여러분이 음독하는 습관을 갖고 있다면 한자어를 무분별하게 나열하는 일은 자연히 줄어들 것이라고 믿는다.

이와 관련해 문득 떠오르는 것이 있는데 옛날에는 서당에서 한문을 읽는 방식을 가르치는 것을 '소독을 배운다'라고 했다. 여기서 말하는 소독素讀이란 강의나 해설 없이 그저 소리 내어 읽는 음독을 뜻한다. 내가 소년이었을 때만 해도 서당식 학원이 남아 있었고 초등학교를 다니는 동안 별도로 한문을 배우러 다녔다. 선생님은 책상 위에 책을 펼쳐놓고 지휘봉으로 글자를 가리키며 맑고 또렷한 음성으로 읽어 듣게 한다. 학생들은 그것을 경청한 뒤 선생님이 읽은 부분을 자신의 목소리로 소리 높여 따라 읽는다. 제대로 읽게 되면 다음 구절로 넘어간다. 그런 방식으로 『일본외사日本外史』나 『논어論語』 같은 고전을 배웠다. 뜻을 물으면 대답해 주었으나 보통은 설명해 주지 않는다. 하지만 고전 문장은 대부분 음조가 명료하고 리듬감이 분명하여 비록 해석이 되지 않아도 문구가 귀에 남고 자연스럽게 입에 붙는다. 그렇게 소년이 청년이 되고, 노년에 이르기까지 어떤 대목이 필요할 때면 문장이 다시 떠오르고, 그 반복 속에서 결국 뜻도 알게 되는 경우가 많았다. 옛 속담에 '독서백편讀書百遍이면 뜻이 절로 통한다'는 말이 있는데, 바로 이런 경험을 가리키는 것이다. 강의를 듣고 이해한 것은 의미만 파악한 것에 불과하고 문장 그 자체가 지닌 말이 주는 소리와 리듬, 감흥 같은 맛까지는 느끼기 어렵다. 그래서 그 자리에서는 이해했어도 금세 잊어버리고 마는 일이 많다. 예를 들어 『대학大學』에 이런 말이 있다.

詩云。緡蠻黃鳥 止于丘隅。子曰於止 知其所止。可以人而不如鳥乎。 시운. 면만황조 지우구우. 자왈어지 지기소지. 가이인이불여조호.

이것은 "『시경』에 이르기를 면만인 황조여 언덕에 머무는구나 하였는데, 공자께서 머무는 데 있어서 새조차 머물 곳을 아는데 사람으로서 어찌 새만 못하겠는가 하셨다"라고 읽는 것으로, 『대학』을 배운 사람이라면 누구라도 알고 있을 유명한 구절이다. 그럼에도 그 구절의 뜻을 현대어로 풀어 보라고 하면 한학자가 아닌 이상 보통 사람은 선뜻 해내기 어렵다. 그렇지만 우리는 이 문장의 의미를 어렴풋하게나마 알고 있는 듯한 느낌을 받는다. '면만인 황조'의 '면만綿蠻'이라는 단어도 사전을 찾아보지 않으면 알기 어려운 글자인데 어느새 머릿속에는 꾀꼬리 한 마리가 언덕 위 나뭇가지에 앉아 고운 소리로 지저귀고 있을 거라는 이미지가 떠올라, 자신도 모르게 그렇게 단정해버린다. 시가詩歌나 하이쿠 같은 단시短詩 장르에는 이런 예가 많다. 읽는 이 스스로는 그 뜻을 안다고 여기고, 정작 그에 대한 의문을 가져본 적은 한 번도 없다. 그러나 막상 그 내용을 설명해 보라고 하면 쉽사리 말이 나오지 않는다. 하지만 이런 식의 막연한 이해가 실은 제대로 안다는 것의 본질에 가까울지도 모른다. 왜냐하면 원문의 표현을 다른 말로 바꾸어 설명하면 그 뜻이 어느 정도 명확해지긴 해도 대부분의 경우 그 과정에서 원문에 담긴 깊이와 넓이, 울림의 감각은 부분적으로밖에 전해지지 않기 때문이다. '면만인 황조'는 그저 '면만인 황조'일 뿐이며 그 표현을 다른 글자나 문장으로 바꾸려 해도 원래 문장에 담긴 감각과 분위기를 완전히 옮겨낼 수는 없다. 그렇기 때문에 '알고 있다면 현대어로 풀어보라'고 요구할 수 없다. 그런 말을 쉽게 하는 사람일수록 진정으로 알고 있지 않다는 방증이다. 그렇다면 풀어주는 강석講釋을 하지 않고 음독만을 반복하는 서당식 교수법이야말로 문장의 깊은 이해력을 기르는 가장 적절한 방법일지도 모른다.

이렇게 말한다면 '알 수 있도록' 쓰는 것과 '기억할 수 있도록' 쓰는 것은 서로 다른 것이 아니라 결국 하나로 이어진다는 점을 알 수 있다. 곧 제대로 '이해할 수 있게' 쓰기 위해서는 '기억에 남도록' 쓰는 것이 필수적이라는 말이다. 다시 말해 '글자 모양'이 주는 미감과 문장의 음조가 주는 아름다움은 단지 독자의 기억을 도울 뿐만 아니라 사실은 문장의 이해를 더 깊고 확실하게 만드는 요소이기도 하다. 이 두 가지 조건이 충족되지 않는다면 의미가 독자에게 온전히 전달되기 어렵다. 그렇다면 지금 우리가 앞에 인용한 『대학』의 한 구절을 오랫동안 기억하고 있는 이유는 무엇일까. 말할 것도 없이 바로 그 구절에 등장하는 '면만緡蠻'이라는 독특한 글자 모양과 문장 전체가 지닌 특유의 음조와 리듬감 때문일 것이다. 바로 이와 같은 까닭에 그 구절은 오랜 세월 동안 기억 속에 남아 있다가 문득 떠오르며 되풀이되는 가운데 처음엔 막연했던 의미가 점차 명확해지고 마침내 진짜 뜻을 이해하게 되는 순간에 이르게 된다.

앞서 예로 들었던 『태평기』의 한 구절도 마찬가지다. 그처럼 오늘날에는 더 이상 일상적으로 사용되지 않는 표현임에도 내가 아직도 그 문장을 기억하고 있는 이유는 전적으로 글자 모양과 음조의 효과 덕분이다. 예컨대 "한 줄기 길

위에서 눈물은 다했으나" "사라져가는 천자의 운명을 바라보며" "이별을 꿈속의 꽃을 그리워하듯"과 같은 문장들도 기억 속에 또렷하게 남아 있는 한 언젠가는 그 뜻을 진정으로 이해하는 날이 찾아오게 된다. 요컨대 말을 과도하게 사용하는 것은 거듭 말하지만 문장을 잘 쓰는 방법이 아니다. 언어가 지니는 불완전한 점을 글자 모양이나 음조로 보완하는 것이 바로 훌륭한 문장이라 할 수 있다.

나는 글자 모양과 음조를 통틀어 문장의 **감각적 요소**라고 부르는데, 이러한 요소를 갖추지 못한 현대의 구어문은 문장으로서 균형을 갖추지 못한 상태로 발달해 왔다고 볼 수 있다. 그리고 축사나 조사 등 의례적 문장에서는 여전히 일본어와 한자어가 섞인 화한혼교문이 쓰이고 있다는 점이 현대 구어문이 낭독에 적합하지 않다는 사실을 명확히 보여주고 있다. 반면에 고전의 문장은 이 감각적 요소를 풍부하게 지니고 있기 때문에 우리는 고전을 더욱 깊이 연구하고 그 안에 담긴 표현의 장점을 배워야 한다. 또한 와카나 하이쿠 같은 정형시 역시 이런 관점에서 보면 매우 유익한 참고 대상이 된다. 원래 운문이라는 것은 글자 모양과 음조를 통해 살아 움직이는 것이므로 산문을 쓸 때에도 그 정신을 적절히 도입하는 것이 중요하다.

현대 문장에서도 감각적 요소가 얼마나 중요한 역할을 하는지 알기 위해 여러분은 한 번 더 23쪽을 펼쳐 앞서 인용

했던 시가 나오야의 『기노사키에서』의 문장을 음미해 보기 바란다. 그 소설에 등장하는 '其処で^(그래서), 丁度^(마침), 或朝の事^(어느 아침의 일), 一つ所^(한곳), 如何にも^(너무나도), 仕舞った^(해버렸다), 然し^(그러나)' 같은 글자 모양을 각각 'そこで, ちょうど, 或る朝のこと, 一つところ, いかにも, しまった, しかし'처럼 바꾸어 쓴다고 해 보자. 그것만으로도 그 문장의 팽팽한 밀도와 선명한 인상이 확연히 줄어들고 만다. 많은 작가들이 무의식적으로 자신의 문체 안에서 이러한 표현을 사용하고 있지만, 그렇다고 해서 그들이 글자 모양에 무감각한 것은 결코 아니다. 그들은 문장에 긴장감과 리듬감을 불어넣기 위해서는 한자를 적절히 섞고 히라가나, 가타카나의 사용을 조절하는 것이 효과적이라는 점을 잘 알고 있다. 이처럼 세세한 부분이긴 하나 "곧 가늘고 긴 날개를 양쪽으로 쫙 펼쳐 부—웅 하고 날아오른다"라는 부분에서 '쫙'을 가타카나 'シッカリ'로, '부—웅'을 히라가나 'ぶーん'으로 쓴 것도 그 선택에 납득이 간다. 이 경우 나 역시 글을 쓴다면 그렇게 쓸 것이다. 특히 'ぶーん'을 'ブーン'이라고 쓰면 "호랑나비 무늬를 가진 크고 살찐 벌들"이 공기를 진동시키면서 날아오르는 그 생생한 소리의 느낌이 사라지고 만다. 또한 'ぶうん'이라고 써도 그 맛은 살아나지 않는다. 'ぶーん'이 아니면 날개를 쫙 펼치고 곧장 날아오르는 그 생동감 있는 장면이 떠오르지 않는다. 이어지는 이 문장의 마지막 부분을 읽어보면 이렇다.

그것이 또한 너무나도 죽은 것이라는 느낌을 주었다. 그것은 사흘 동안 그대로 있었다. 그것은 보고 있으니 너무나도 조용한 느낌을 주었다. 쓸쓸했다. 다른 벌들이 모두 벌집으로 들어가버린 황혼 무렵, 차가운 기와 위에 홀로 남겨진 죽은 벌을 보는 것은 참 쓸쓸했다. 그러나 그것은 너무나도 조용했다.

하나하나의 말은 특별히 눈에 띄지 않지만 '그것이' '그것은' '그것은'이라는 표현이 세 번 반복되며, '쓸쓸했다'라는 문장이 두 번 겹쳐지고, 게다가 마지막은 '그러나 그것은 너무나도 조용했다'라는 문장으로 맺고 있다. 여기에 '주었다' '있었다' '-었다' '-다'로 끝나는 단정적인 어미들이 나열되면서 문장 전체에 일종의 긴장감 있는 리듬이 형성된다. 또한 '느낌을 주었다' '너무나도 조용한' 같은 문구도 두 번 반복해서 사용되고 있다. 즉 작가는 쓸쓸한 심정을 표현할 때, 그저 '쓸쓸하다'는 말만 한두 번 쓸 뿐, 불필요하게 장황한 설명을 덧붙이지 않는다. 대신 리듬과 반복을 통해 그 감정을 독자의 가슴에 깊이 각인시키고 있다. 작가는 극도로 사실적인 문체를 지향하며, 문장 또한 의미 전달에 중심을 두고 있다. 하지만 그 '의미를 더욱 효과적으로 전달하기' 위해서는 그에 걸맞은 표현의 준비와 장치가 필요하다는 점도 함께 보여준다. 따라서 감각적 요소란 단순한 수사적 장식이나 사치가 아니라 소박한 실용문에서도 문장의 전달력을 높이기 위한 핵심 수단이 될 수 있다.

한편 고전 문체 중에서도 **서간문체**라는 것이 있다. 이는 고유 일본어인 화문조和文調나 한문조漢文調라고도 할 수 없는 변형된 문장, 즉 **소로분**候文이라 불리는 문체다. 소로분은 점점 사라지는 추세지만, 여전히 관공서나 옛날 방식의 편지를 즐기는 노년층 사이에서는 편지나 공식 문서용으로 여전히 사용되고 있다. 나는 이 소로분의 개괄적 표현 방식이 이 현대 구어체 문장을 구성하는 데에도 참고가 될 수 있다고 생각한다. 그런데 시험 삼아 요즘 젊은 세대에게 이 소로분을 써 보라고 하면, 만족스럽게 쓸 수 있는 사람은 거의 없다. 문장 중간중간에 '소로候'를 끼워 넣는 형식은 알고 있지만, 그 문장이 억지로 끼워 넣은 듯한 어색함이 드러나고 전체적인 문맥과 격조에 딱 맞지 않는다. 왜 그런 일이 벌어지는가 하면, 본래의 소로분은 문장과 문장 사이에 상당한 **틈새**가 있다. 앞에서 한 말과 뒤에 이어지는 말이 논리적으로 긴밀하게 연결되지 않으며, 그 사이에 의미의 단절이 존재한다. 그 단절이 오히려 문장 속에서 여운과 깊이, 미묘한 흐름을 만들어 내며 하나의 여정처럼 느껴진다. 하지만 요즘 사람들은 그 여백과 여운을 이해하지 못한 채 '하옵고候て, 하오나候が, 하였사오나候ひしが' 같은 표현을 억지로 넣어 문장 사이의 틈새를 인위적으로 메우려 한다. 그러므로 이 틈새는 아름다운 일본어 문장을 구성하는 중요한 요소이며 현대의 구어

체 문장에는 가장 부족한 부분이기도 하다. 따라서 우리는 소로분 자체를 반드시 써야 할 필요는 없지만 그 문체가 지닌 표현의 요령을 배울 필요가 있다.

서양의 문장과 일본의 문장

 우리는 고전을 연구하는 동시에 서양의 언어와 문장 표현을 탐구하고, 그 속에서 발견되는 장점을 적극적으로 수용해야 하는 것은 더 말할 나위가 없다. 그러나 여기서 고려해야 할 점은 언어학적으로 완전히 계통이 다른 두 나라의 문장 사이에는 영원히 넘을 수 없는 장벽이 존재한다는 사실이다. 따라서 아무리 훌륭한 장점이라 할지라도 그 언어의 문맥과 구조 안에서 유효한 것일 뿐, 그 장점을 이 장벽 너머로 억지로 끌어오게 되면 더 이상 장점으로 기능하지 못하고 오히려 우리 고유한 국어 표현과 문장 구조를 해치는 경우가 생긴다. 그리고 내가 보기에는 메이지 시대 이후 일본은 이미 서양 문장의 장점을 받아들일 만큼 받아들였으며, 이제 그 이상 받아들이는 것은 오히려 그 장벽을 넘는 일이 되고, 결과적으로 일본어 문장의 건강한 발전에 해를 끼치게 된다. 아니,

이미 해를 끼치고 있는 상황이라 해도 과언이 아니다. 그렇기 때문에 오늘날 우리에게 필요한 것은 그들의 더 많은 장점을 받아들이기보다 이미 지나치게 받아들인 결과 생겨난 혼란을 정리하는 일이라 생각된다.

일본은 과거 가마쿠라 시대(1185-1333)에 한문의 문장 구조를 받아들여 화한혼교문和漢混交文이라 불리는 독자적인 문체를 창출했다. 하지만 이를 자세히 살펴보면 그 문체는 고대 중국어의 어법을 그대로 수용한 것은 결코 아니다. 예를 들어 "공자께서 머무는 데 있어서 새조차 머물 곳을 아는데 사람으로서 어찌 새만 못하겠는가 하셨다子曰ク止マルニ於イテ其ノ止マル所ヲ知ル、人ヲ以テ鳥ニ如カザル可ケン乎" 같은 표현은 얼핏 보기에는 한문처럼 보이지만, 공자께서 이 구절을 일본어식으로 말씀하신 것은 아니다. 실제 원문인 "於止 知其所止. 可以人而不如鳥乎"의 14자를 중국어의 어순에 따라 곧장 읽으신 것이다. 예나 지금이나 중국어에는 조사가 존재하지 않고, 동사 다음에 목적어가 오는 어순은 변하지 않는다. 또한 '면만인'이라는 표현에서 단정을 나타내는 '인'에 해당하는 원문 표현은 존재하지 않는다. '인タル'은 '이라는トアル'의 축약형일 수 있지만, 이 표현이 없으면 일본어 문장으로서 의미가 불완전하기 때문에 한자 주변에 가나로 보충하는 오쿠리가나送り假名*를 통해 의미를 해석할 수 있게 만든 것이다. 그렇다면 이와 같은 표현 방식도 결국 일본어의 문장 범위를 벗어나지 않는

것이라 할 수 있으며, 단지 한문을 일본어 어법에 따라 독해하기 위해 다소 무리하면서도 창의적인 표현 방식이 고안되었다. 처음에는 한문을 읽어 내려갈 때에만 사용했던 표현 방식이 일본어 문장의 구성으로까지 응용된 것이 화한혼교문인 것이다. 따라서 겉으로 보기에 한문과 유사하더라도 그 표현은 엄밀히 말해 한문의 어법에 따르지 않았고, 그렇기에 일본과 가장 가까운 중국의 언어로 천 년 이상 지속적으로 접촉해 왔음에도 쉽게 동화되지 않았다. 하물며 서양 언어처럼 관계가 더 짧고 구조가 전혀 다른 언어는 더욱 그대로 받아들이기 어렵다는 것을 알 수 있다.

원래 일본어의 결점 중 하나는 **어휘가 부족하다는 점**이다. 예를 들어 팽이와 물레방아가 도는 것, 지구가 태양 주위를 도는 것도 일본어에서는 모두 '돈다まわる' 혹은 '돌다めぐる'라는 동사로 표현된다. 그러나 전자는 물체 그 자체가 스스로 '돈다'는 것이며, 후자는 어떤 물체가 다른 물체의 주위를 '돈다'는 것으로 이 둘은 분명히 의미적으로 구분된다. 하지만 일본어에는 이러한 구분이 없다. 반면에 영어는 물론 중국어에서는 이와 같은 동작을 나타내는 표현에서 보다 정밀한 어휘 구분이 이루어지고 있다. 중국어에는 '돈다' 혹은

---

*　오쿠리가나는 형용사나 동사의 한자 뒤에 붙여 의미나 문법적 활용을 나타내는 가나를 말한다. 예를 들어 '쓰다'를 일본어로는 '書く'라고 쓰는데 여기서 'く'가 오쿠리가나이다.

'돌다'에 해당하는 단어로 전転, 선旋, 요繞, 환環, 순巡, 주周, 운運, 회回, 순循 등 그 수가 실로 많고, 모두 어느 정도씩 의미가 다르다. 예를 들어 팽이와 물레방아의 '돈다'는 '선旋' '전転'에 해당하고, '요繞'는 어떤 물체 주변을 맴돌며 벗어나지 않는 경우, '환環'은 말 그대로 고리와 같이 둘러싼 형태를, '순巡'은 순회하며 시찰하는 것을, '주周'는 한 바퀴 도는 것을, '운運'은 이동하면서 바뀌는 것을, '회回'는 소용돌이치며 흐르는 것을, '순循'은 어떤 대상이나 경로를 따라가는 것을 의미한다. 이처럼 유사해 보이는 표현조차 섬세하게 구분되어 있다. 또한 일본어에서는 벚꽃이 피어 있는 화려함을 나타낼 때 '화려한花やかな'이라는 한 가지 형용사만 떠올리기 쉽지만, 중국어에서는 난만爛漫, 찬란燦爛, 찬연燦然, 요란繚乱 등 다양한 단어들이 존재하며 각각 다른 뉘앙스를 가진 표현으로 쓰인다. 이처럼 어휘가 부족한 일본어는 '빙글빙글 돌다旋転する'나 '운행하다運行する'처럼 한자어에 '하다'라는 말을 붙여 새로운 동사를 만들거나 '난만한爛漫な' '난만인爛漫たる' '난만하게爛漫として'와 같이 '-한' '-인' '-하게'를 결합해 다양한 형용사나 부사 표현을 만들어 내는 방식으로 어휘의 부족을 보완해 왔다. 이러한 점에서 보더라도 일본어가 한자어에 진 빚은 결코 적지 않다. 그러나 오늘날에는 아무리 한자어의 표현력이 풍부하다고 해도 그것만으로는 현대 생활을 표현하기가 충분하지 않게 되었다. 그래서 우리는 '택시タクシー, 타이어^{タイヤ}, 가솔린^{ガソリン}, 실린더^{シリンダー}, 미터^{メーター}'와 같이 외래어인 영어를 일본어화해서 소리나는 대로 읽거나 또는 '형용사^{形容詞}, 부사^{副詞}, 어휘^{語彙}, 과학^{科學}, 문명^{文明}'과 같은 서양 개념을 번역한 한자어를 사용하게 되었다. 이러한 변화는 어휘가 부족해 실제로 필요에 따라서 발생한 것이므로 문제가 되지 않는다. 조상들이 한자를 받아들여 일본어를 풍부하게 만들었듯이, 우리도 서양어를 받아들여 일본어를 확장해 나가는 것은 매우 자연스럽고 훌륭한 일이라 할 수 있다. 그러나 모든 변화가 이로운 것만은 아니다. 한자어에 더해 서양어와 번역어까지 가세하면서 일본어는 단번에 풍부한 어휘력을 갖춘 언어로 변화했지만, 이미 여러 차례 언급했듯이 그 결과 언어에 대한 과도한 신뢰가 생겨 필요 이상의 말과 설명이 난무하게 되었고 침묵이 갖는 표현의 힘과 여운을 잊어버리게 되었다.

국어라는 것은 국민성과 떼려야 뗄 수 없는 관계를 맺고 있다. 일본어의 어휘가 부족하다는 사실이 곧바로 일본 문화가 서양이나 중국보다 뒤떨어진다는 의미는 아니다. 이는 **일본인의 국민성이 수다스럽지 않다는 하나의 증거**로도 볼 수 있다. 우리는 전쟁에서는 강하지만 외교 담판에서는 말이 부족해 밀리는 경우가 많다. 국제 연맹 회의 등에서도 일본의 외교관들이 중국의 외교관들에게 논리적으로 밀리는 경우가 종종 있었다. 비록 우리에게 충분히 정당한 이유가 있더

1 문장이란 무엇인가

라도 각국 대표들은 중국인의 유창한 언변에 현혹되어 그쪽 입장에 동조하는 모습을 보이기도 한다. 고대부터 중국이나 서양에는 웅변으로 유명한 인물이 많았지만 일본의 역사에서는 그런 인물을 찾아보기 어렵다. 오히려 우리는 말을 잘하는 사람을 경시하는 풍조를 오래전부터 가지고 있었다. 실제로 뛰어난 인물일수록 말수가 적고 침묵을 중시하는 경우가 많았으며, 반대로 언변이 뛰어난 사람들은 대개 이류, 삼류로 취급받는 경향이 있었다. 이런 맥락에서 보면 우리는 중국인이나 서양인만큼 언어의 힘에 의존하지 않고 말의 효과에 지나치게 기대지도 않는다. 그 이유 중 하나는 어쩌면 우리가 정직한 민족성을 지녔기 때문일지도 모른다. 즉, 우리는 행동만으로도 진심이 전해질 거라 믿고, 양심에 거리낌이 없다면 굳이 장황한 설명이나 말로 떠벌릴 필요 없다고 여긴다. 공자의 말씀 중 '교언영색 선의인巧言令色 鮮矣仁', 즉 '말을 교묘하게 하고 얼굴빛을 꾸미는 사람 중에서 어진 이는 적다'는 구절이 있듯이 물론 말을 많이 하는 사람이 반드시 거짓말쟁이는 아니겠지만, 서양은 몰라도 적어도 동양권에서는 말이 지나치면 실제보다 과장하기 쉬운 경향이 있어 신뢰를 얻기 어려운 경우도 많았기에, 군자는 말을 신중하게 하는 것을 미덕으로 삼아 왔으며, 특히 일본인은 이 점에서 강한 결벽성을 지녀 왔다. 일본에는 중국에도 없는 '하라게이腹藝'라는 말이 있는데 침묵을 통해 마음을 전하는 예술을 뜻한다. 또한 '이심

전심以心伝心'이라든가 '간담상조肝胆相照らす'와 같은 말도 있어 진심만 있다면 말없이도 통하고, 천 마디 말보다 암묵의 이해가 더 큰 가치를 지닌다는 믿음을 가지고 있다. 이러한 일본인의 기풍과 신념은 더 깊이 들여다보면 동양인 특유의 내성적인 성격에서 비롯된 것이다. 우리는 대체로 스스로 겸손하게 평가하고 능력이 열이라면 일곱이나 여덟쯤으로 스스로 낮추어 생각하며, 다른 사람에게도 그렇게 보이려 한다. 이러한 태도는 동양에서 말하는 '겸양의 미덕'으로 여겨졌다. 반면 서양에서는 자신의 능력을 있는 그대로 표현하는 것을 당연하게 여기며, 거기에 대해 주저함이나 거리낌이 없다. 그들도 겸양의 미덕을 모르는 것은 아니겠지만, 동양식 겸양을 때로는 비겁함, 비효율성, 나아가 불성실함으로 받아들이는 경우도 있다. 이러한 차이는 서로 장단점이 있으며, 서양인의 진취적인 성향과 동양인의 보수적인 기질을 비교해 보면, 우리가 배울 수 있는 부분도 많다. 이들 간의 우열을 단순히 논하기보다는 일본인의 국민성을 고려해 볼 때 일본어가 수다스러운 표현에 적합하지 않게 발전해 온 것은 결코 우연이 아니다. 또한 우리는 섬나라 국민으로서 중국인이나 서양인에 비해 집요하지 않은 성격을 갖고 있다. 긍정적으로 보면 이는 깔끔하고 담담한 기질이지만, 부정적으로 보면 싱겁고 집착이 없어 쉽게 단념하는 성향으로도 이어진다. 일본인은 어떤 일에 대해 지나치게 말이 많아지는 것을 싫어

하며, "말해봤자 소용없다"거나 "어차피 될 대로 될 것이다"라고 여겨 쉽게 말을 그만두고 단념해버리는 경향이 있다. 이러한 성향 역시 일본어 표현 방식에 자연스럽게 스며들어 영향을 미쳤다고 볼 수 있을 것이다.

이처럼 국어의 장단점은 국민성과 밀접한 관련이 있으므로 국민성을 그대로 둔 채 언어만 개량하려는 시도는 한계에 부딪힐 수밖에 없다. 따라서 우리는 한자나 서양어의 어휘를 도입해 부족한 점을 보완하는 일은 바람직하나 그 수용의 정도는 적절히 조절되어야 한다.

왜냐하면 일본어는 적은 단어로 많은 의미를 전달하는 구조를 갖고 있기 때문에 불필요하게 단어를 늘려가며 설명하려는 방식은 일본어의 본래 성격에 어울리지 않기 때문이다. 이 점을 좀 더 구체적으로 이해하기 위해 다음에는 실제 문장의 사례를 들어 설명하고자 한다. 우선 다음의 영어 문장을 함께 살펴보도록 하자.

—His troubled and then suddenly distorted and fulgurous, yet weak and even unbalanced face—a face of a sudden, instead of angry, ferocious, demoniac—confused and all but meaningless in its registration of a balanced combat between fear and a hurried and restless and yet self-repressed desire to do—to do—to do—yet temporarily unbreakable here and here—a static between a powerful compulsion to do and yet not to do.

미국의 현대 작가 시어도어 드라이저의 장편 소설 『미국의 비극』 중 한 구절이다. 이 작품은 몇 년 전 저명한 영화감독 스턴버그에 의해 영화화되어 일본에도 수입되었는데 여러분들 중에 그 영화를 본 분도 있을 것이다. 인용된 부분은 작품의 주인공 클라이드가 살인을 저지를까 망설이는 순간의 얼굴 표정을 묘사한 장면이다. 이 긴 문장 전체가 '얼굴'이라는 단어에 부가되는 형용사로 구성되어 있으며, 그것도 더 긴 문장의 일부라는 점에서 그 정밀함은 실로 놀라울 정도다. 이 원문을 가능한 한 직역에 가깝게 옮기면 다음과 같을 것이다.

> 그의 당황한, 그리고 갑자기 일그러지고 번뜩이는, 그러나 약하고, 그리고 균형을 잃은 얼굴—갑작스레 변한 어떤 얼굴, 그것은 분노에 가득 차고 잔인하거나 악마적인 것이 아니라—조급하고 불안한 그러나 억제된, 그러나 그 순간 압도적으로 이기기 어려운, 해버려라, 해버려라, 해버려라 하는 욕망과 공포 사이에서 결정하기 어려운 갈등을 보여주는, 거의 무표정한 그리고 혼란스러운 얼굴—할까, 아니면 멈출까 하는 의지가 두려운 긴장 속에 정지되어 있는 상태.

나는 일부러 어렵게 번역한 것이 아니다. 직역이라고 했지만, 실제로는 일본어 문장에 맞추어 단어 순서를 다소 조정했고, 의미를 분명히 하기 위해 몇몇 단어를 보완하거나 생략했다. 내가 보기에 일본어로 가능한 범위 안에서 가장 원문에 가까운 형태이며, 이 이상 원문에 얽매인다면 문장으로서의 자연스러움이 사라지게 된다. 이 문장에서 사용된 어휘의 중첩 정도를 살펴보도록 하자. 먼저 '당황한' '일그러진' '번뜩이는' '약한' '균형을 잃은' '갑작스레 변한' '분노에 찬' '잔인한' '악마적인' '거의 무표정한' '혼란스러운' 등 총 11개의 형용사가 '얼굴'이라는 하나의 명사를 수식하고 있다. 또한 '무표정한'을 설명하는 자리에 '결정하기 어려운 갈등'이라는 표현이 덧붙고, 이 갈등은 다시 '조급한' '불안한' '억제된' '이기기 어려운'이라는 4개의 형용사를 가진 '욕망'으로 세분화된다. 이 형용사들을 연결하는 데 사용된 접속사 'yet^{그러나}'은 4번, 'and^{그리고}'는 9번 등장한다. 나는 번역문에서 이 9개를 3개로 줄였으나, 사실 일본어 문장 구조상 이 3개마저 없어도 되는 경우가 많다. 이외에도 형용사를 한정하는 '갑자기^{suddenly}' '일시적으로^{temporarily}' 같은 부사와 '공포^{fear}' 뒤에 괄호로 "죽음을 가져오는 살인적 잔인함에 대한 본능적인 거부 반응$^{a\ chemic\ revulsion\ against\ death\ or\ murderous\ brutality\ that\ would\ bring\ death}$"이라는 부연도 존재한다.

문예평론가 고바야시 히데오^{小林秀雄}는 자신의 저서 『속 문예평론續文藝評論』에서 이 영문 구절을 인용하며 "이것은 드라이저가 묘사한 클라이드의 얼굴이다. 정밀한 심리 묘사에 익숙한 우리로서는 이 문장이 특별히 인상 깊지 않을 수도 있다. 그러나 그가 아무리 더 세밀하게 묘사하더라도, 독자가 클라이드의 진짜 얼굴을 떠올릴 수 있을지는 알 수 없다"라고 말했다. 독자가 실제로 클라이드의 얼굴을 상상할 수 있을지 여부는 여러분의 판단에 맡기겠다. 하지만 서양인들은 단 한 사람의 얼굴을 묘사할 때에도 이 정도의 세밀함을 갖추지 않으면 만족하지 못하는 경향이 있다. 영어 원문에서는 나열된 형용사 하나하나가 독자의 머릿속에 차례로 입력되어 작가가 의도한 장면을 어느 정도 구체적으로 상상하게 만든다. 그 배경에는 영어 문장의 구조가 본래 형용사 나열에 적합하다는 점, 또한 "yet self-repressed desire to do—to do—to do—yet temporarily unbreakable here and here—" "a powerful compulsion to do and yet not to do"와 같은 음의 반복과 리듬감이 효과적으로 사용되고 있다는 점이 원작자의 의도를 더욱 뚜렷하게 전달하도록 만든다. 반면 일본어 번역문은 원문의 단어 배열을 그대로 따르다 보니, 독자의 머릿속에 각 형용사가 명확하게 전달되지 못한다. 독자는 단순히 복잡한 단어들의 집적만 느껴질 뿐 실제로 어떤 표정을 묘사하고 있는지 알기 어렵다. 특히 '조급한'부터 '이기기 어려운'까지의 형용사는 '욕망'에, 그 앞뒤의 형용사는

'얼굴'에 수식되는 구조인데, 일본어 문장에서는 이러한 관계가 명확하게 드러나지 않는다. 따라서 원문에서 어느 정도 벗어나 일본어에 맞도록 순서를 재배열하면 다음과 같은 형태가 된다.

> 그의, 처음에는 당황한 기색을 띠었지만, 이윽고 갑자기 일그러지고, 의심스러운 빛을 띠며, 약하고 불안한 얼굴—갑작스럽게 변한 얼굴은 분노로 가득 차 있으나, 잔인하거나 악마적인 것은 아니며—조급하고 불안한 그러나 억제된 욕망—그리고 또한 해버려라, 해버려라, 해버려라고 속삭이는 강렬한 욕망과 공포의 갈등 속에서 점점 무표정해지고, 혼란스러워 보이는 얼굴—할까, 아니면 멈출까 하는 의지가 두려운 긴장 속에 정지되어 있는 상태.

이렇게 하면 각 형용사가 어떤 명사에 붙는지를 분명하게 파악할 수 있다. 그러나 이해는 가능할지라도 자연스럽게 읽히지는 않는다. 하물며 이 모든 형용사가 수식하는 얼굴의 표정이 선명하게 상상된다고 기대하기는 어렵다. 이 예시는 일본어 문장에서 형용사나 수식어가 지나치게 나열될 경우 반대로 의미 전달의 효과가 약화된다는 점을 잘 보여준다고 할 수 있다.

또 하나 이제는 일본어 원문과 그 영어 번역을 비교해 보겠다. 아래에 제시하는 것은 『겐지 이야기』「스마須磨」편의 한 구절과 영국인 아서 웨일리^{Arthur Waley}의 영어 번역이다.

저 스마須磨는 예전에는 인가도 있었으나, 이제는 마을과 동떨어져 있어, 마음이 스산할 정도이고, 어부의 집조차 드물다고 들으셨건만, 사람이 많고 소란스러울 듯한 거처는 정말 본의에 어긋날 것이로다. 그렇다고 도성을 멀리 떠난다는 것도, 옛 고향이 아득해지게 될 터이니, 사람들이 이를 흉보지나 않을까 하여 마음이 어지러우시다. 온갖 일들, 지난 일과 앞날을 생각하시노라면, 슬픈 일들이 실로 여러 가지로구나.

There was Suma. It might not be such a bad place to choose. There had indeed once been some houses there; but it was now a long way to the nearest village and the coast wore a very deserted aspect. Apart from a few fishermen's huts there was not anywhere a sign of life. This did not matter, for a thickly populated, noisy place was not at all what he wanted; but even Suma was a terribly long way from the Capital, and the prospect of being separated from all those whose society he liked best was not at all inviting. His life hitherto had been one long series of disasters. As for the future, it did not bear thinking of!

스마가 있었다. 그곳을 선택하는 것도 나쁘지 않을 것 같았다. 실제로 예전에 그곳에는 몇 채의 집이 있었지만 지금은 가장 가까운 마을에서도 떨어져 있고 해안가는 매우 황량한 모습이었다. 어부들의 오두막 몇 채를 제외하고는 사람 사는 흔적은 끊겨 있었다. 그것은 상관없는 일이었다. 왜냐하면 많은 인가가 세워져 있어 북적거리는 장소는 결코 그가 원하는 곳이 아니었기 때문에. 그러나 그 스마마저도 수도에서 너무 멀리 떨어져 있었다. 그래서 그가 가장 좋아했던 사교계 사람들과 전부 결별한다는 것은 결코 달가운 일이 아니었다. 그의 인생은 지금까지 길고 긴 불행의 연속이었다. 미래에 관해서는 도저히 생각조차 하기 싫었다!

웨일리의 『겐지 이야기』 영어 번역은 최근 훌륭한 번역으로 높이 평가되고 있다. 일본인조차 읽기 어려운 고전 문학을 유창한 영어로 옮기고, 그 속에 담긴 작품의 정신과 리듬을 어느 정도 재현해 냈다는 점에서 우리는 그의 노고에 감사할 만하다. 여기 인용한 구절만 보더라도 영어 문장 자체로서 매우 뛰어난 문학적 성취라 할 수 있을 것이다. 그렇기에 나 역시 이 번역을 비난하려는 의도는 없지만, 같은 내용을 영어로 표현하면 얼마나 많은 단어가 필요한지를 보여주는 예로서 이 구절을 소개하려는 것이다. 실제로 보듯, 원문에서는 7줄 분량이었던 게 영어 번역문에서는 11줄(직역은 10줄)로 늘어나 있다. 그럴 수밖에 없는 건 영어 번역에는 원문에 존재하지 않는 설명과 단어들이 상당수 추가되기 때문이다. 예를 들어 "그곳을 선택하는 것도 나쁘지 않을 것 같았다"라는 문장은 원문에 없다. 일본어 원문에는 "이제는 마을과 동떨어져 있어, 마음이 스산할 정도이고, 어부의 집조차 드물다고 들으셨건만, 사람이 많고 소란스러울 듯한 거처는 정말 본의에 어긋날 것이로다"라고만 되어 있다. 그러나 영어 번역에서는 이 원문을 의역하여 확장함으로써 "지금은 가장 가까운 마을에서도 떨어져 있고, 해안가는 매우 황량한 모습이었다. 어부들의 오두막 몇 채를 제외하고는…"에서 "결코 그가 원하는 곳이 아니었기 때문에"까지 5줄을 소비하고 있다. 또한 "옛 고향이 아득해지게 될 터이니"라는 원문은 "그가 가장 좋아했던 사교계 사람들과 전부 결별한다는 것은 결코 달가운 일이 아니었다"로 번역되어 있다. 아울러 "온갖 일들, 지난 일과 앞날을 생각하시노라면, 슬픈 일들이 실로 여러 가지로구나"라는 문장은 "그의 인생은 지금까지 길고 긴 불행의 연속이었다. 미래에 관해서는 도저히 생각조차 하기 싫었다!"라고 번역되었다. 이처럼 영어 번역은 원문보다 훨씬 구체적이고 명확하여 의미가 불명확한 부분이 없다. 원문에서는 굳이 설명하지 않아도 독자가 이해할 수 있는 부분을 생략하는 반면, 영어 번역에서는 독자가 충분히 이해할 수 있도록 의도를 구체적으로 풀어 설명하고 있다.

하지만 원문이 반드시 불명확하다고 단정할 수는 없다. "옛 고향이 아득해지게 될 터이니"보다는 "그가 가장 좋아했던 사교계 사람들과 전부 결별한다는 것은 결코 달가운 일이 아니었다"라고 설명하는 쪽이 보다 분명하게 전달될 수 있다. 그러나 수도를 떠나가는 겐지의 슬픔은 단지 사람들과의 이별 때문만은 아니다. 그 안에는 말로 다 담기 어려운 여러 겹의 감정 즉 불안, 외로움, 허무함 같은 것들이 함께 담겨 있다. 그러한 복합적인 정서를 단 한 문장인 "옛 고향이 아득해지게 될 터이니"에 압축해 표현한 것이다. 반면 영어 번역처럼 모든 상세히 해설하고 명시하면, 물론 독자에게는 이해가 쉬울 수 있으나 표현은 평면적이고, 감정의 깊이나 여운은 더 줄어들게 된다. 더욱이 이러한 감정을 분석하고 철저히 설명하려 든다면, 결국 드라이저의 번역문처럼 되어버려 전달력이 떨어지고 이해하기 어려워질 수 있다. 사실 슬픔이라는 감정은 분석을 시작하면 끝이 없고, 어떤 때에는 자신조차 그 감정을 명확히 규정하기 어려운 경우가 많다. 그렇기 때문에 일본 문학은 그러한 무의미한 설명의 반복을 피하고, 의도적으로 간결하고 다의적인 표현을 통해 여운을 남긴다. 그리고 그 여운은 후에 어조, 글자 모양, 리듬 등 감각적 요소로 보완된다. 독자가 자율적으로 상상하고 해석할 수 있도록 유도하는 것이 일본 문학의 방식이다. 앞에서 일본 고전 문장에는 하나의 단어들이 마치 달무리처럼 여운과 깊이가 있다고 말했던 것은 이 경우를 가리키고, 즉 간결한 단어 하나가 풍부한 암시를 품고 있어 독자의 상상력을 자극하고, 부족한 의미는 독자가 스스로 채워 넣도록 유도하고 작가는 다만 상상할 수 있는 여지와 방향을 열어줄 뿐이다. 이러한 태도가 곧 일본 고전 문학의 정신이라 할 수 있으며, 반면에 서양 문학은 의미를 점점 더 세밀하고 구체적으로 한정 지어 가는 방식을 취하기 때문에 독자에게 여운이나 상상의 여지를 거의 남겨두지 않는다. 일본인이 보기에는 "그가 가장 좋아했던 사교계…"라는 표현은 문장의 호흡을 갑자기 끊어 여정(餘情)이 사라지는 것처럼 느껴질 수 있지만, 서양인의 입장에서는 "옛 고향이 아득해지게 될 터이니"라는 문장에서 어째서 아득해지게 되는지 그 이유를 명시하지 않으면 이해할 수 없다.

서양어는 중국어와 똑같이 동사가 먼저 오고 목적어가 뒤따르는 구조를 가진다. 또한 시제에 규칙이 있어서 시간의 흐름을 세밀하게 구분할 수 있기에 전후의 동작을 명확히 구별할 수 있다. 또한 관계대명사와 같은 편리한 문법 요소 덕분에 문장이 복잡해져도 논리적으로 이어지기 쉽다. 그 밖에 단수와 복수, 성별의 구분 등 정밀한 문법 체계도 갖추고 있다. 이러한 언어 구조 덕분에 여러 개의 단어가 중첩되어도 의미가 흐트러지지 않고 전달될 수 있는 것이다. 그러나 이러한 표현 방식을 전혀 구조가 다른 일본어에 그대로 적용하려는 시도는 마치 밥그릇에 술을 따르는 것과 같다. 그럼에도 현대인들은 이러한 언어 구조의 차이를 충분히 인식하지 못한 채, 불필요하게 많은 단어를 사용하려는 경향이 있다. 그들이 쓰는 문장은 고전문이라기보다는 번역문에 가깝다. 특히 소설가, 평론가, 신문 기자 등 글을 업으로 삼는 사람들일수록 그러한 경향이 두드러진다. 서양인은 그들의 문장에서 '모든'이나 '가장' 같은 표현을 거리낌 없이 사용하는데 오늘날 일본인들도 그것을 따라 하여, 불필요하게 최상급 표현을 남용하고 있다. 그 결과 일본의 선조들이 지켜온 고유의 품격과 절제의 미학은 점차 잃어가고 있는 것이다.

서양에서 도입된 과학, 철학, 법률 등의 학문을 서술하는 데 있어 우리는 종종 어려움을 느끼게 된다. 이러한 학문은 본질적으로 정밀하고 정확하며, 세부에 이르기까지 명확하게 기술되어야 하는 성격을 가진다. 그러나 이러한 요구를 일본어로 완벽하게 전달하는 것은 쉽지 않다. 나 역시 독일 철학서를 일본어 번역으로 읽은 적이 여러 번 있었지만, 내용이 조금만 복잡해져도 금세 이해하기 어려워지는 경우가 많았다. 그리고 그 어려움은 철학 개념의 심오함 때문이라기보다는 일본어라는 언어의 구조적 한계에서 비롯되었다는 생각에 결국 책을 중도에 포기하는 일이 적지 않았다. 물론 동양에서도 예로부터 학문과 기술에 대한 저술이 없었던 것은 아니다. 그러나 우리는 '말로 표현하기 어려운'이라는 경지를 중시했고, 지나치게 직설적인 서술을 꺼리는 경향이 있었다. 이는 우리가 언어의 힘에 의존하지 않는 습성에서 기인한 것이며, 도제식 교육이 중심이던 시절에는 제자가 직접 스승의 육성을 듣고 인격적 영향을 받으며 자연스럽게 습득하는 과정이 있었기에 문제가 되지 않았을 것이다. 이러한 점을 고려한다면, 일본어가 과학적 서술에 적합하지 않다는 것은 어찌 보면 당연한 일이다. 그러나 그 단점을 그대로 둘 수는 없다. 그렇다면 오늘날 일본의 과학자들은 이 불편함을 어떻게 극복하고 있을까? 그들은 독서와 집필 모두에서 대부분 외국어에 의존하고 있는 것처럼 보인다. 강의에서도 일본어를 사용하되, 상당수 외국어 표현을 그대로 혼용하고 있으며, 논문을 발표할 때에도 일본어로 된 논문을 준비하는 동시에 외국어 원문을 함께 작성하여 결국 외국어 문장을 기준으로 삼는다. 그래서 일본어로 쓴 논문은 해당 분야의 전문 지식과 외국어 능력을 갖춘 사람이라면 이해할 수 있으나, 일반 독자에게는 지나치게 난해한 글이 되어버린다. 나도 종종 『중앙공론中央公論』이나 『개조改造』와 같은 유력 잡지에서 경제학자들의 글을 접하지만, 그러한 글을 제대로 이해할 수 있는 독자가 과연 몇 명이나 될까 하는 의문을 늘 가지게 된다. 그럴 수밖에 없는 이유는 이들 글이 독자가 외국어에 어느 정도 능숙할 것을 전제로 작성되었기 때문이다. 겉보기에는 일본어로 되어 있지만, 실제로는 외국어 문장의 탈을 쓴 글이며, 외국어 원문보다도 이해하기 어려운 문장으로 된 경우조차 있다. 이는 잘못된 번역문이 갖는 전형적인 폐해로 나쁜 문장의 표본이다. 애초에 번역문이란 외국어에 익숙하지 않은 사람들을 위한 것이다. 그런데 일본에서 유통되는 많은 번역문은 외국어에 익숙하지 않은 독자에게 더 큰 부담을 준다. 그럼에도 많은 이들이 이 사실을 자각하지 못한 채, 그런 복잡한 문장도 일종의 세련됨으로 착각하고 적지 않게 받아들이니 실로 우스꽝스러운 현상이라 하지 않을 수 없다.

그렇다면 이러한 문제를 어떻게 해결할 수 있을까. 이는 단순한 언어의 문제가 아니다. 우리의 사고방식, 오랜 시간에 걸쳐 형성된 습관 그리고 문화적 전통과 민족적 기질에까지 얽혀 있는 문제이기 때문에, 단순히 문장 구조를 손본다고 해서 쉽게 해결될 수 있는 성질의 것이 아니다. 현실적인 측면에서 우선 고려해야 할 점은, 일본어로 자연스럽게 표현하기 어려운 학문은 아직 진정한 의미에서 일본의 것이 되지 못한 학문이라는 점이다. 그렇기에 결국 우리는 우리의 국민성과 역사에 걸맞은 새로운 문화적 방식을 창조해내야 할 시점에 와 있다. 지금까지 우리는, 서양의 사상과 기술, 학문을 하나하나 받아들이고 소화해 왔다. 불리한 조건 속에서도 일부 분야는 서구 선진국을 따라잡았고, 오늘날에는 그들을 선도하려는 위치에 도달하고 있다. 이제 우리가 문화의 선두에 서서, 단순한 모방을 넘어 서양에서 배운 것을 동양의 전통과 조화시켜 새로운 길을 창조해야 할 시기에 도달한 것이다. 물론 이 문제는 이 책에서 다루는 범위를 넘어서는 주제이므로 여기서 깊이 논의하지 않겠다. 이 책이 말하고자 하는 것은 전문 학술 문장이 아닌, 우리가 일상적으로 접하는 실용적인 문장의 문제이다. 그러나 현대의 과학 교육이 지나치게 강조되면서, 실용문마저도 전문 용어를 남용하고, 학술적 서술 방식을 흉내 내어 불필요한 정밀성을 추구하고, 그 결과 실용문이 오히려 실용성에서 멀어지는 일이 많아졌다. 무엇보다도 이러한 나쁜 습관을 고쳐야 한다. 내가 보기에 실용문은 물론이고, 법률서와 철학서와 같은 일부 학술 문장도 지나치게 세밀하게 쓰려 하면 거꾸로 모호하고 의문을 낳는 경우가 많다. 논리적 서술에 치우치기보다는 고대 동양의 제자백가諸子百家나 불교 경전의 서술 형식을 참고하는 편이 우리에게는 더 자연스럽고 이해하기 쉬우며, 내용 습득에도 도움이 될 것이다. 결국 어휘가 부족하고 구조가 완전하지 못하다는 일본어의 한계에도 그 부족함을 보완할 수 있는 언어 고유의 장점이 분명히 존재한다는 사실을 잊지 말고 우리는 그 장점을 충분히 이해하고 최대한 활용할 줄 아는 태도를 갖춰야 할 것이다.

2
문장을 능숙하게 쓰는 법

문법에 얽매이지 말라

앞서 말한 내용을 통해 이미 충분히 명확해진 점이 많다고 생각하므로, 여기서 장황하게 덧붙이지는 않겠다. 따라서 가능한 간결하게 요점을 짚으며 몇 가지 유의할 점을 환기하는 정도에 그치고자 한다.

가장 먼저 강조하고 싶은 것은 다음과 같다.

문법적으로 정확하다고 해서 반드시 **훌륭한** 문장이 되는 것은 아니다. 그러므로 문법에 얽매이지 말라.

애초에 일본어에는 서양어처럼 복잡한 문법 체계가 존재하지 않는다. 물론 조사인 '테니오와^{てにをは}'의 사용법, 숫자 세는 법, 동사·조동사의 활용, 가나 사용법 등 일본어 특유의 문법적 규칙은 있다. 하지만 전문적인 국문학자가 아닌 이상 문법적으로 완전한 문장을 쓰는 사람은 드물다. 더욱이 문법적으로 어긋난 표현이라도 실생활에서는 전혀 문제없이 사용

되는 경우가 적지 않다. 내가 종종 기이하게 느끼는 것은 전차를 타면 차장이 "누군가 표를 끊지 않은 분이 있습니까?"라고 말하는데, 문법적으로 분석해 보면 이 표현은 꽤 이상한 문장이다. 그러나 실제로는 누구나 이해할 수 있고 전혀 어색하지 않아, 문법적으로 완벽하게 고치려고 하면 지나치게 길고 복잡한 문장이 되어버릴 것이다. 이러한 사례는 헤아릴 수 없을 만큼 많다. 또한 일본어에도 시제 표현은 존재하지만 이를 엄격하게 구분하여 사용하는 사람은 거의 없고 매번 신경 쓰면서 사용할 수도 없다. '했다' '한다' '하자'는 각각 과거, 현재, 미래를 뜻하지만 하나의 연속되는 동작을 묘사할 때에도 '했다' '한다' '하자'를 문장 안에서 동시에 사용한다거나 앞뒤로 두어 사용할 수 있어 명확한 시제 규칙이 없는 것이나 다름없지만, 그럼에도 실생활에서는 별다른 불편 없이 현재와 과거의 차이를 자연스럽게 구분해 시간의 흐름이 이해된다. 또한 일본어 문장은 반드시 주어를 필요로 하지 않는다. 예컨대 "덥습니다" "춥습니다" "기분이 어떠신가요?" 같은 문장들은 '오늘 날씨는' '당신은' 같은 주어가 생략되어 있어도 의미가 명확하게 전달된다. '덥다' '춥다' '외로웠다'처럼 간단한 한마디의 문장도 충분히 완결된 문장으로 기능한다. 이처럼 일본어 문장에는 영문법처럼 문장의 기본 형식을 구성하는 명확한 규칙이 존재하지 않는다. 단어나 구절 하나만으로도 독립된 문장이 성립한다. 즉 일본어를 쓸 때는 복

잡한 문장 구성에 집착할 필요가 없다. 이렇게 말하면 다소 극단적으로 들릴 수도 있지만 실제로 일본어의 문법이란 동사와 조동사의 활용, 가나 사용법, 문장 끝의 형태를 일정하게 정하는 고전 문법인 가카리무스비係り結び 등의 규칙을 제외하면 대부분 서양식 문법 체계를 모방하여 형식적으로 구성된 것에 불과하다. 결국 문법을 배우지 않아도 자연스럽게 체득하게 되고, 배운다 하더라도 실제로 글쓰기에는 별로 도움이 되지 않는 경우가 많다.

그러나 그와 같이 **일본어는 명확한 문법 체계가 없어서 오히려 정말 배우기 힘든 것이다.** 실제로 외국인에게 일본어는 가장 어려운 언어 중 하나로 꼽힌다. 서양 언어 중에서 영어는 배우기 어렵고, 독일어는 상대적으로 배우기 쉽다고 한다. 왜냐하면 독일어는 규칙이 엄격하고 체계적이어서 한 번 규칙을 익히면 이를 반복 적용하여 문장을 만들 수 있다. 반면 영어는 규칙이 독일어만큼 정연하지 않고, 예외가 많아 배우기에 혼란스럽다. 예를 들어 글자를 읽는 방식에서도 독일어는 정연한 규칙이 있어 이를 따르면 모르는 글자라도 읽을 수 있다. 그러나 영어는 'a' 한 글자에도 여러 발음이 있다. 더욱이 일본어의 경우는 훨씬 복잡하다. 글자를 읽는 법조차 상황에 따라 달라지고, 사용 규칙이 있다 해도 외국인에게는 설명하기 어려운 것이 많다. 대표적인 예로 주격 조사인 '은は'과 '이が'의 차이를 들 수 있다. '꽃은 진다花は散る'와

'꽃이 진다花が散る'는 문맥에 따라 사용이 분명히 달라지지만, 일본인은 자연스럽게 구분해서 사용하고, 이를 일반적인 규칙으로 추상화하여 설명하기는 어렵다. 문법학자들은 이런저런 설명을 덧붙이며 일단 그럴듯한 모양새를 갖추려 하겠으나 설명이 더 복잡해지고 실용성은 떨어진다. 또한 'でございます있나이다' 'であります입니다' 'です입니다'*와 같은 표현도 미묘한 뉘앙스 차이가 있어 상황에 따라 적절히 구분해야 하지만, 그 차이를 논리적으로 완벽히 설명하기는 매우 어렵다. 결국 일본어는 반복적인 실전 경험을 통해 자연스럽게 익히는 것 외에는 습득할 방법이 없다는 것이 진실에 가깝다. 오늘날 일본의 중학교에서도 일본 문법이라는 과목이 존재하고, 학생들 대부분이 이를 배운 경험이 있다. 그렇다면 왜 이런 것을 가르치는가. 그 이유는 일본인은 외국인과 달리 모국어 환경에서 자라기 때문에 구어에서는 어려움이 없지만 이를 글로 표현하거나 문장으로 쓸 때 외국인과 마찬가지로 기댈 만한 규칙이 없어 곤란함을 겪게 되기 때문이다. 게다가 오늘날 학생들은 과거처럼 무작정 암기하거나 낭독하는 교육 방식에 익숙하지 않다. 초등학생조차 과학적이고 논리적 사고방식을 교육받아 연역적, 귀납적 방식으로

---

* 'でございます'는 정중한 표현으로 격식 있는 자리나 공적인 상황에서 사용한다. 'であります'는 격식을 차린 선언적 표현이나 문어체로 사용되며, 주로 연설, 논문 등에서 사용된다. 'です'는 일상적인 정중체로 사용되며 격식은 덜하지만 예의 있는 상황에서 폭넓게 사용된다.

설명해야 이해하고 받아들일 수 있다. 학생들이 이런데 교사들 역시 예전처럼 느긋하게 가르칠 수 없다. 따라서 교육 현장에서는 어떤 형태로든 기준이 될 만한 규칙을 제시하고 체계적으로 가르치는 것이 더 효율적이다. 결국 오늘날 학교에서 가르치는 일본어 문법은 학생과 교사의 편의를 위해 서양 문법 체계를 빌려 비과학적인 일본어의 구조를 과학적으로 보이게 서양식으로 꾸며 굳이 '이래야만 한다'는 규칙을 만든 것이라 해도 과언이 아니다. 이를테면 일본어 문장에서 주어가 없는 것은 잘못된 문장이라고 가르치는데, 이는 학습과 교육을 위한 편의적인 것이다. 실제 언어생활에서는 전혀 적용되지 않는다. 마찬가지로 현대 일본어 문장에서는 '그는' '나는' '그들의' '그녀들의' 같은 인칭대명사가 자주 사용되지만, 일본어에서는 서양어처럼 인칭대명사가 필수적으로 사용되지 않는다. 서양어에서는 문법적으로 반드시 인칭대명사를 명시해야 하고 생략이 허용되지 않는다. 하지만 일본어 문장에서는 같은 글 안에서도 인칭대명사가 쓰였다가 생략되기도 하며 기분이나 분위기에 따라 사용되다가 사라지기 일쑤다. 이는 일본어 문장이 그 자체로 인칭을 명확히 하지 않아도 의미 전달이 가능한 구조이기 때문이다.

　　핫토리服部는 무엇보다도 자기 몸에서 나는 냄새를 맡을 때마다 자신이 말이나 돼지와 별반 다를 바 없는 상태에 있다는 것을 느꼈다. 그 냄새가 밴 자신은 고상한 인간이 아니라, 마치 호랑이나 곰과 함께 동물원 우리에 갇힐 만한 존재라는 기분이 들었다. 하지만 그가 그 냄새를 신경 쓰던 시절에는 그래도 아직 인간일 수 있었는지도 모르지만, 가난이 그를 점점 타락시킴에 따라 그는 점차 그것을 잊으려고 노력했고, 될 수 있는 대로 짐승의 무리에 섞이기 위한 훈련을 했다. 그 무렵에는 한 달에 한두 번 목욕하는 것이 고작이었다. 게다가 건강을 돌보지 않은 탓에 어느새 심장이 나빠져서 자주 목욕할 수도 없었다. 이렇게 된 상태에서도 그는 여전히 죽음을 두려워했다. 목욕 도중 어지러움을 느끼거나 심장이 갑자기 심하게 뛰기라도 하면 그는 미친 듯 당황하며 "살려줘!" 하고 외치면서 그 순간 눈앞에 있는 누구에게라도 매달리고 싶은 마음이 치밀었다. 죽는 것보다는 차라리 짐승처럼 살아 있는 편이 나을지도 모른다! 그렇기에 핫토리는 이 죽음의 공포를 피하기 위해서라도 불결함을 참아내야만 했다. 그렇게 해서 이제 그는 주변 모든 것에 밴 악취조차 전혀 느끼지 못하게 되었다. 그뿐만 아니라 마치 구두쇠가 자신의 탐욕에 도취되듯, 그 불결함의 바닥을 뚫고 내려가는 그 느낌 자체를 은밀한 즐거움으로 여기고 있었다. (…) 지금 그가 미나미한테 받은 시가를 손에 들고 그 손을 신기하다는 듯이 바라보고 있는 것 역시, 그런 기분과 비슷한 심정에서 비롯된 것이리라. 이윽고 시가를 왼손으로 옮기더니, 때와 담뱃진으로 끈적해진 오른손의 검지와 엄지를 무언가 재미있는 일이라도 기다리고 있는 듯한 태도로 느릿느릿 문질렀다. 그러다가 잠시 후 이번에는 두 손가락을 코 가까이 가져가 기름기 어린 땀으로 지문이 번들거리는 손가락 안쪽을 뚫어지게 응시했다—변함없이 흐릿하고 졸린 듯한 눈을 한 채로. 그리고 번들거리는 지문을 바라보다가 무언가를 문득 떠올린 듯 고개를 들어 미나미를 바라보았다.

이 글은 내가 십여 년 전에 쓴 「상어인간鮫人」이라는 소설의 한 구절로 대명사의 사용 방식이 얼마나 제멋대로일 수 있는지를 보여주기 위해 인용해보았다. 당시 나는 오늘날 많은 젊은이들이 그러하듯 의도적으로 서양 문체의 분위기가 물씬 풍기는 일본어 문장을 쓰는 것을 이상理想으로 삼고 있었다. 그래서 이 글에도 '그는' '그를' '그의' 등의 대명사가 매우 빈번하게 등장한다. 그러나 보시다시피 그 사용 방식에는 특별한 필연성이 없다. 예를 들어 "그가 그 냄새를 신경 쓰던 시절에는 그래도 아직 인간일 수 있었는지도 모르지만, 가난이 그를 점점 타락시킴에 따라 그는 점차 그것을 잊으려고 노력했고"라는 부분에서는 '그'라는 말이 과도하게 반복되고 있다. 하지만 "이윽고 시가를 왼손으로 옮기더니"부터 "고개를 들어 미나미를 바라보았다"에 이르는 문장들에서는 '그'라는 대명사가 단 한 번도 사용되지 않는다. 만약 영어 문장이라면, '이윽고' 이후의 부분에서도 당연히

3인칭 대명사가 두세 번은 쓰였을 것이다. 그러나 일본어 문장에서는 아무리 영어 문장을 흉내 내려 해도 이처럼 자주 대명사를 사용하면 문장의 흐름 자체가 어색하고 부자연스러워져 허용되기 어렵다. 처음에는 영어식으로 정확하게 사용하려고 애써도, 쓰는 이 자신이 어느새 일본어 고유의 언어 감각에 끌려들어 결국 끝까지 흉내 내지 못하게 되는 것이다.

다음으로 앞서 인용한 현대문과 비교하기 위하여 여러분은 아래의 고전 문장을 읽어보시기 바란다.

> 오우사카^{あふ坂}의 관문을 지나 통행 허가를 받은 뒤로, 가을이 지난 산길에 물든 단풍을 외면할 수 없었고, 하마치도리^{浜千鳥}의 자취를 따라 나루미가타^{鳴海潟}의 해안을 거닐며, 저 멀리 후지산 높은 봉우리에서 피어오르는 연기를 바라보며 우키시마가하라^{浮島がはら}, 기요미가세키^{清見が関}, 오이소^{大磯}와 고이소^{小磯}의 해변을 지나, 보랏빛 정취 어린 무사시노의 들판을 거쳐, 시오가마^{塩竈}의 잔잔한 아침 풍경, 기사카타^{象潟}의 어촌 오두막, 사노^{佐野}의 배다리, 기소^{木曾}의 험준한 절벽 다리, 마음을 사로잡지 않는 곳이 없었지만, 또한 서쪽 지방의 명승지를 찾아보고자 하는 마음에, 닌안^{仁安} 3년 가을, 갈대가 흩날리는 나니와^{難波}를 지나 스마^{須磨}, 아카시^{明石}의 바닷바람을 온몸으로 맞으며 길을 재촉하여, 마침내 사누키^{讃岐}의 미오자카^{眞尾坂} 숲에 다다라 잠시 발길을 멈춘다. 그 여정의 고단함을

잊고 마음을 닦고자 머무를 만한 암자가 있었다. 이곳에서 멀지 않은 시라미네^{白峰}에 신인^{新院}의 능이 있다는 말을 듣고 참배하고자 10월 초 산길을 오른다. 소나무와 떡갈나무가 깊이 우거져 푸른 하늘에 구름이 가볍게 떠가는 날조차 은은한 가랑비가 내리는 듯한 정취다. 뒤편으로는 지고가다케^{兒ヶ嶽}의 험준한 봉우리가 우뚝 솟아 있고, 깊이가 천 길은 되어 보이는 계곡 밑에서 구름과 안개가 피어올라, 눈앞조차 흐릿하여 어디가 어딘지 가늠할 수 없게 느껴진다. 드문드문 나무가 비어 있는 자리에 흙을 높이 쌓고, 그 위에 돌을 세 개 겹쳐 만든 능처럼 보이는 곳이 가시덩굴과 칡넝쿨에 뒤덮여 쓸쓸한 것을, 혹시 이곳이 능이 아닐까 하는 생각에 마음이 혼란스러워졌고, 더욱 현실인지 꿈인지 분간하기 어렵다. 문득 떠오른 것은 한때 스토쿠 천황의 정전에서, 청량한 궁전에서 조정의 정사를 돌보시던 천황의 모습, 수많은 신하들이 그 지혜를 우러러 찬탄하던 그 모습이 떠올랐다. 고노에 천황에게 왕위를 물려주시고도 상황 처소의 아름다운 궁전에서 조용히 지내셨다는 말이 떠오르고, 그랬던 분이 이 깊은 산속에 짐승의 발자국 가끔 찍히는 덤불 한가운데에서 아무도 찾아오는 이 없이 외롭게 잠들어 계신다니 도무지 믿기지 않았다. 천자의 신분으로 살아오셨음에도, 전생의 업이라는 것이 이토록 두려운 것인가. 죄를 피하지 못하셨던 것 같은데, 이 헛된 세상의 덧없음을 생각하니 눈물이 저절로 솟아오르는 듯하다. 밤을 새워 능 앞에서 공양을 올리고 싶다는 마음에 무덤 앞의 흙바닥에 자리를 잡고, 경문을 조용

히 읊조리며, 한편으로는 노래를 바쳐 올린다.

이 글은 에도 시대의 국문학자 우에다 아키나리上田秋成의 단편소설집 『우게쓰 이야기雨月物語』 중 첫 번째 이야기인 「시라미네白峯」의 도입부다. 이야기의 주인공은 사이교 법사이며, 여기 인용된 열 문장 중 처음 다섯 문장은 모두 사이교를 주어로 하고 있다. 그러나 이 문장들 어디에도 '사이교는'이나 '그는'과 같이 명시적인 주어 표현은 찾아보기 어렵다. 또한 '닌안 3년 가을' '고노에 천황에게 왕위를 물려주시고도' 같은 구절을 통해 역사적 배경을 알고 있는 독자라면 시대적 배경을 유추할 수 있으며, '신인新院'이 누구를 가리키는지도* 이해할 수 있다. 하지만 이 작품에서는 과거의 일을 서술하면서도 '발길을 멈춘다' '산길을 오른다' '느껴진다' '노래를 바쳐 올린다' 등 현재형으로 일관되다가 '발길을 멈춘다'라는 표현 직후에 '마음을 닦고자 머무를 만한 암자가 있었다'라는 과거형이 삽입된다. 이러한 사용은 영어 문법에서 말하는 역사적 현재Historical Present 용법과도 구분된다. 즉 일본어 문장에서는 '시간의 흐름'이라는 개념이 엄밀히 지켜지지 않는다는 점을 알 수 있다. 나는 아키나리의 문장을 고전적 명문 중 하나로 꼽고 싶지만, 이것이 왜 명문인지에 대해서

* 상황(上皇)이 여러 명일 경우 가장 최근에 상황이 된 인물로, 여기에서는 스토쿠 천황을 가리킨다.

는 차후에 설명할 테니 지금은 굳이 언급하지 않겠다. 바로 이러한 시간 관계나 주인공의 존재가 명확히 드러나지 않는 문장이야말로 일본어 고유의 특성을 살린 모범적인 일본어 문장이라는 점을 여러분은 기억해 두길 바란다.

이와 같이 말한다고 해서 내가 문법의 필요성 자체를 전면적으로 부정하는 것은 아니다. 글쓰기를 처음 배우는 사람에게는, 일본어 문장을 서양 문장 구조에 맞춰 구성해 보는 것이 오히려 이해하기 쉬울 수도 있다. 그런 경우라면 그 역시 일시적인 학습 방법으로 받아들일 수 있을 것이다. 그러나 그러한 방식으로 어떻게든 문장을 쓸 수 있게 되었다면 그다음부터는 문법을 지나치게 의식하지 않도록 유의하고, 문법상 필요에 따라 억지로 삽입된 불필요하게 복잡한 표현은 점차 생략하고, 일본어 문장이 지닌 간결한 형식으로 되돌아가려는 마음가짐을 갖는 것이 훌륭한 문장을 쓰기 위한 중요한 요건 중 하나다.

감각을 갈고닦자

 문장 실력을 향상시키기 위해서는 어떤 글이 훌륭한 문장이며, 어떤 글이 나쁜 문장인지 구별할 수 있어야 한다. 그러나 문장의 좋고 나쁨은 '말로 설명하기 어려운 것'이어서 방금 언급했듯 단순히 논리적으로 판단할 수 있는 성질의 것이 아니기 때문에 독자 스스로 감각을 통해 느끼고 판단할 수밖에 없고, 누군가 대신 가르쳐 줄 수 있는 성질의 것이 아니다. 가령 누군가 나에게 "명문이란 어떤 것입니까?"라고 묻는다면 우선 이렇게 대답할 것이다.

 오랫동안 기억에 남는 깊은 인상을 주는 글
 거듭 읽을수록 풍부한 맛이 나는 글

 하지만 이 대답은 사실상 답이 되지 못한다. '깊은 인상을 주는 글' '풍부한 맛이 나는 글'이라 해도 그 깊은 인상과 풍부한 맛을 느낄 수 있는 감각을 갖추지 못한 사람에게는 명문의 진정한 본질을 이해시킬 수 없기 때문이다.

앞서 말했듯 간결한 일본어 문장 형식으로 되돌아가야 한다고 해서 마구잡이로 단어를 생략하는 것이 바람직하다는 뜻이 아니다. 또한 문법에 얽매이지 말라고 해도 일부러 문법을 어기거나 시제와 격格을 무시한다고 해서 훌륭한 문장이 되는 것이 아니다. 때로는 주제나 상황에 따라 정확하고 엄밀한 표현이 요구되기도 하며 서양식 표현을 적절히 도입하는 것이 더 효과적인 경우도 있다. 따라서 미리부터 "이렇게 써야만 한다" 혹은 "이렇게 써서는 안 된다"고 일률적으로 정해버리는 태도는 매우 위험하다. 즉 "명문이란 이러한 조건을 갖추어야 한다"와 같은 절대적 기준이 존재하지 않는다. 문법적으로 올바른 문장이 명문이 될 수도 있고, 문법적 규범을 벗어난 문장이 오히려 뛰어난 효과를 발휘해 명문일 수도 있다. 간결한 문장, 화려한 문장, 난삽한 문장도 명문으로 평가받을 수 있다. 이처럼 일본어는 다채로운 문체를 허용하는 유연한 언어로 그 특성을 살려 가장 독창적인 문체를 만들어 낼 수도 있지만, 그만큼 자칫하면 지리멸렬한 악문으로 전락할 위험도 늘 내포되어 있다. 특히 명문과 악문의 차이는 종이 한 장 차이에 불과하다. 사이카쿠西鶴나 치카마쓰近松처럼 독창적인 감각을 갖춘 사람들이 창조한 문장 스타일을 그저 흉내만 내는 사람은 대부분 비웃음을 사는 조악한 악문을 만들어 내기 십상이다.

  앞으로 어찌 될지 알 수 없는 덧없는 세상, 세월 따라 바뀌어 가는 것이야말로 곧 변화라 여기며 살아왔고, 그렇게 또 한 해가 어느덧 흘러가, 새해 아침의 옅은 안개가 조용히 깔린 한가로움에 사방의 나뭇가지들도 살랑이며 흔들리고, 만물이 한결 온화해져 마음마저도 절로 생기가 도는 듯하니, 잠시 이곳을 떠나 세상의 모습을 엿보고, 몸도 마음도 단련해 보려는 생각이 들어, 쉽사리 떠날 수 없는 암굴을 나와 정해진 목적지도 없이 오직 마음 가는 대로 발걸음을 옮기며 길을 나서니, 때마침 벚꽃이 만발한 무렵 나무통을 지고 푸른 융단을 둘러멘 사람들이 기와집 처마 밑에 자리를 펴고 앉아 남녀노소 할 것 없이 앞다투어 벚꽃 아래에 몰려들어 흥겹게 노닌다. 이 풍경을 그저 바라보기만 할까 보냐, 꽃을 노래하고, 꽃에 대해 시를 지으며, 활쏘기를 즐기고, 바둑으로 승부를 겨루는가 하면 서로 기예를 뽐내고, 노래와 춤, 음악이 울려 퍼지니 그 흥취야말로 어찌 말로 다 표현할 수 있으랴. 한편 푸른 소나무 가지 너머로는 단정한 사내가 아름다운 여인에게 얇은 옷 보따리를 들게 하고, 흐드러진 등나무꽃과 어우러진 맑은 바위 틈을 따라 푸른 이끼 깔린 한적한 자리를 잡고 앉아, 대나무 통에서 술을 꺼내 서로에게 권하며, 꽃을 감상하는 모습, 이윽고 여인이 들고 있던 보따리를 풀어, 작은 절구와 섬세한 절굿공이를 꺼내 놓고, 두 사람이 함께 쌀을 찧더니 이내 물을 긷고 불을 지피며, 주변에 흩어진 낙엽을 주워 밥을 짓고, 서로 장난스럽게 웃으며 즐겁게 음식을 나누어 먹는다.

―사이카쿠, 『풍류 은둔자艶隱者』 3권, 「도성의 동거 부부」

이와 같은 문장은 말로 다 표현할 수 없을 정도로 취향의 풍부함이 가득하지만, 동시에 이처럼 개성이 강하게 드러나는 문장도 드물다. 이를 아키나리의 작품과 비교해 보면 단어의 생략 방식, 문자 사용법, 문장 운용의 전반에 이르기까지 문법의 틀에서 훨씬 더 자유롭다. 실제로 사이카쿠의 문장은 단 몇 줄만 읽어도 금세 그의 글임을 알아차릴 수 있을 만큼 독자적인 문체와 개성이 뚜렷하다. 하지만 솔직히 말해 사이카쿠의 작품이기 때문에 명문으로 받아들여질 수 있는 것이지, 그렇지 않았다면 자칫 매우 나쁜 문장, 즉 악문으로 보일 수도 있었을 것이다. 그리고 그 차이라는 것은 말로 설명할 수 없는 것이므로, 결국 여러분 각자가 스스로 감각을 통해 터득하는 수밖에 없다. 다음으로 소개하고자 하는 것은 모리 오가이森鷗外가 번역한 안데르센의 『즉흥시인』 중 한 구절로, 사이카쿠의 문장과는 완전히 달라 담백하고 절제된 표현 속에 개성의 흔적이 거의 드러나지 않은 문체로 쓰여 있다. 하지만 이러한 문체 또한, 또 다른 의미에서 명문으로 꼽을 수 있다.

2 문장을 능숙하게 쓰는 법

문득 프라스카티 농가 여인으로 분장한 노파가 내 앞에 나타났노라. 그 등은 놀랄 만큼 곧았노라. 그 얼굴이 유난히 어둡게 보인 것은 머리에서 어깨로 흘러 내린 긴 흰 천 때문이었노라. 주름진 피부는 마치 오그라든 그물망과 같도다. 검은 눈동자는 눈두덩을 가득 메울 만큼 크고 깊었노라. 이 노파는 처음에 미소를 지으며 나를 바라보았으나, 이내 정색하며 내 얼굴을 뚫어지게 응시하는 모습, 마치 옆에 선 나무에 기대어 있는 미라가 아닌가 싶을 정도였노라. 잠시 후 말하였도다. 꽃은 그대 손에 있어야 더욱 아름다울 것이니라. 그대의 눈에는 행복의 별이 깃들어 있도다 하노라. 나는 방금까지 엮고 있던 반지 모양의 화환을 내 입술에 댄 채 놀라서 그쪽을 바라보았노라. 그러자 노파는 다시 말하기를 그 월계수 잎은 아름답지만 독이 있느니라. 장식으로 엮는 것은 좋으나 입술에 대서는 아니 되느니라 하노라. 이때 안젤리카가 울타리 뒤에서 나와 말하였노라. 지혜로운 노부인이시여, 프라스카티에 사는 후루이아여! 그대도 내일 축제의 장식으로 화환을 엮는 것이오. 아니면 해 질 무렵 캄파니아의 저편에서 변함없이 늘 하던 꽃다발을 만들려는 것이오 하노라. 이렇게 물어도 노파는 돌아보지도 않고 내 얼굴만 응시하며 말을 이어갔다오. 지혜로운 눈이로다. 태양이 황소자리를 지나갈 때 태어났도다. 이름도 재물도 황소의 뿔에 달려 있느니라 하노라. 이때 어머님께서 다가오시어 말씀하셨느니라. 이 아이가 받아들여야 할 것은 검은 수도복과 커다란 모자가 될 것이니, 그 후에는 향을 피워 신에게 봉사할 것인지, 가시밭길을 달려야 할 것인지, 그것은 그의 운명에 달렸노라 하시느

라. 노파는 듣고서 나를 수도승으로 삼으려는 뜻이로구나 하고 이해하신 것 같았노라.

사이카쿠의 문장이 몽롱한 유형이라고 한다면, 여기에서 소개하는 문장은 명료한 유형에 속한다. 문장의 구석구석까지 뜻이 또렷하게 전달되며, 모호한 부분이 전혀 없고 문자 사용 역시 정확하고 문법적으로도 오류가 없다. 하지만 이러한 문장을 서투른 사람이 그대로 흉내 내려 하면 도리어 밋밋하고 아무런 개성도 없는 무미건조한 글이 되기 쉽다. 개성이 강한 문장은 그 특유의 맛이 쉽게 드러나므로 글의 묘미도 금방 알아차릴 수 있으나, 명료한 문장은 겉보기에 특별한 점이 없어 초보자에게는 흉내 내기가 더 어렵고, 그 문장의 맛이 어디에 숨어 있는지도 쉽게 알기 어렵다. 에도 시대의 대표적인 명료한 문장가로 가이바라 에키켄貝原益軒의 『양생훈養生訓』이나 아라이 하쿠세키新井白石의 『오리타쿠시바노키折たく柴の記』 등을 들 수 있다. 이들의 문장은 교과서에도 자주 인용되는데, 그러한 문장은 그 사람의 지적 수준과 학문적 깊이, 정신적인 품격이 드러나기 때문에, 그 문장의 맛을 음미하지 못하는 자는 그 사람의 풍격을 이해할 수 없는 것이다.

결국 문장의 맛이란 예술의 맛이나 음식의 맛과 마찬가지로 이를 감상하는 데 있어 학문이나 이론이 크게 도움이 되지 않는다. 예를 들어 무대에서 배우의 연기를 보고 잘하는지 못하는지를 아는 사람은 반드시 이론을 공부한 학자일 필요가 없다. 필요한 것은 연기에 대한 예리한 감각이지 백 가지 미학이나 연극 이론이 아니며 최우선은 감[※]이다. 뛰어난 감각이 예술을 즐기는 데 더 큰 역할을 한다. 또한 도미의 맛을 즐기기 위해 그 생선을 과학적으로 분석해야 한다고 말한다면 누구나 우스꽝스럽다고 느낄 것이다. 실제로 미각이라는 것은 지혜로운 사람이나 어리석은 사람, 노인이나 아이, 학식 있는 자나 없는 자 모두가 동등하게 지닌 능력이다. 문장도 마찬가지로 문장의 묘미를 감상하고 즐기기 위해서는 역시 감각이 중요하다. 그러나 감각이라는 것은 타고난 재능에 따라 예리한 사람과 둔한 사람이 있다. 특히 미각이나 청각 등은 더욱 그러하며 음악의 천재라고 불리는 사람은 누구에게 배우지 않아도 특정한 음을 듣고 그 음정을 정확히 구별하며 음색을 인지한다. 또한 미각이 뛰어난 사람은 복잡하게 조리된 요리 속에서도 사용된 재료를 정확히 짚어낼 수 있다. 이외에도 후각이 예민한 사람, 색채 감각이 비상한 사람이 있는 것처럼 문장에 대해서도 타고난 감각이 뛰어난 사람이 있는 법이고, 이들은 문법이나 수사학을 따로 배우지 않아도 자연스럽게 문장의 맛과 멋을 체득해 나간다. 실제로 학교 수업에서도 다른 과목에서는 이해력이 뒤떨어져 그다지 뛰어난 성적을 내지 못하더라도 와카나 하이쿠를 배우는 시간이 되면 선생님도 놀랄 만한 통찰력을 발휘해 글자와 문장을 익히는 데 비상한 기억력을 보여주는 학생이 있다. 바로 그 학생은 타고난 문장 감각이 있는 사람이라 할 수 있다. 그렇다고 해서 그런 감각이 오직 타고난 자질에 좌우되며 후천적으로 어찌할 수 없다고 생각해서는 안 된다. 물론 매우 드물게 아무리 노력해도 감각이 발달하지 않는 사람이 있기는 하나 대부분은 마음가짐과 꾸준한 노력을 통해 타고난 둔한 감각이라 할지라도 충분히 예리하게 다듬어 갈 수 있다. 그리고 노력하는 만큼 감각은 더 정교하게 다듬어지는 법이다.

그렇다면 감각을 길러 나가기 위해서는 어떻게 해야 할까?

첫째, 가능한 한 많은 글을 반복해서 읽는 것이 가장 중요하다. 그리고 둘째, 직접 글을 써보는 것이 그다음으로 중요한 방법이다.

이 첫 번째 방법은 문장에만 국한되는 것이 아니다. 모든 감각이라는 것은 반복해서 경험하는 과정에서 점점 예민해지는 법이다. 예를 들어 샤미센을 연주할 때는 세 개의 줄이 서로 조화를 이루도록 조율하는 것이 필수적이다. 타고난 청각이 예민한 사람은 배우지 않아도 자연스럽게 조율할 수 있지만, 대부분의 초보자에게는 그조차 어렵다. 즉, 조율이 제대로 되었는지조차 스스로 구별할 수 없다. 그래서 연습 초기에는 스승이 직접 조율해 주고 연주를 돕는다. 하지만 계속 샤미센 소리에 익숙해지면서 점차 음의 높낮이나 조화를 구별할 수 있게 되고, 1년쯤 지나면 스스로 조율할 수 있게 된다. 이는 매일 같은 음색을 반복해서 들으며 소리에 대한 감각이 점차 예민해진 결과—말하자면 귀가 열린다—이다. 그렇기 때문에 스승 역시 제자가 자연스럽게 익히는 시기가 올 때까지는 이론적인 설명을 하지 않고 조율만 도와준다. 왜냐하면 이론적인 설명은 아무런 도움이 되지 않을 뿐 아니라 오히려 방해만 되기 때문이다. 예전부터 춤이나 샤미센 연습은 어른이 되어서 시작하면 늦고, 열 살 미만, 즉 네다섯 살 정도의 어린 나이에 시작하는 것이 좋다고 한다. 그 이유는 어른들은 어린아이처럼 순수하게 받아들이지 못하고, 자꾸 논리적으로 이해하려 들며 꾸준히 연습하기보다는 이론으로 단시간에 익히려는 경향이 있기 때문으로 이러한 태도가 실력 향상에 걸림돌이 된다는 것이다.

이와 같은 이유로 문장에 대한 감각을 기르려면 예전 서당식 교육 방식이 가장 적합한 방법이라는 점을 알 수 있을 것이다. 강의를 듣기보다는 반복해서 소리 내어 읽거나 암송하는 방식은 언뜻 보기에는 느리고 답답하게 여겨질 수 있으나, 실은 그 무엇보다 효과적인 방식이다. 물론 오늘날의 시대 상황을 고려하면 이 방식을 그대로 실천하기는 쉽지 않을 수도 있다. 하지만 최소한 여러분은 이 방식을 이해하고, 옛날부터 명문으로 평가받는 글들을 가능한 한 많이, 반복해서 읽는 것이 중요하다. 단순히 많이 읽는 것도 중요하지만, 욕심을 부려 마구잡이로 여러 작품을 읽기보다는 한 작품을 반복해서 읽고, 결국에는 암송할 수 있을 정도로 익히는 것이 더 중요하다. 가끔 글을 읽다가 이해되지 않는 부분이 있더라도 그것에 너무 집착할 필요는 없고, 대략이라도 뜻을 파악한 채 반복해서 읽어 가면 된다. 그렇게 하다 보면 감각이 차츰 길러지고, 명문의 참맛을 터득하게 된다. 그리고 처음에는 이해되지 않았던 문장의 의미도 새벽이 밝아오듯 점차 명확해지고, 감각을 통해 문장의 깊은 의미를 깨달으며 글쓰기의 궁극적인 진리에 다가가게 되는 것이다.

그러나 감각을 예리하게 기르기 위해서는 다른 사람의 글을 읽는 것과 동시에, 스스로 직접 써보는 것이 가장 좋은 방법이다. 물론 글을 써서 세상에 이름을 알리려는 사람이라면 반드시 많은 글을 읽고, 또 많은 글을 써보며 연습해야 할 것이다. 하지만 내가 말하고자 하는 것은 그런 수준에 국한되지 않고 단지 문장을 감상하는 입장에 있는 사람이라도 감상력을 더욱 확실히 키우기 위해서는 자기가 직접 글을 써보는 경험이 필요하다는 것이다. 앞서 예를 든 샤미센의 경우를 다시 생각해보자. 한 번도 샤미센을 직접 다뤄본 적이 없는 사람은 연주의 잘잘못을 정확히 분간하기 어렵다. 물론 반복해서 듣다 보면 점차 이해할 수 있게 되지만, 귀가 예민해지기까지는 시간이 많이 걸려 실력이 쉽게 늘지 않는다. 그러나 단 1년이든, 아니 6개월 만이라도 직접 샤미센을 배워 본다면, 소리에 대한 감각이 빠르게 발달하고 감상 능력도 눈에 띄게 향상된다. 춤도 마찬가지다. 춤을 전혀 모르는 사람이 춤의 우열을 가리는 것은 쉽지 않지만, 자신이 직접 배워 본 경험이 있으면 타인의 솜씨를 금세 알아보게 된다. 요리도 마찬가지다. 직접 재료를 사서 손질하고, 칼을 들고 요리를 해보는 일은 단순히 먹기만 할 때보다 미각을 훨씬 더 발달시키는 데 도움이 된다. 이와 관련하여 나는 일본 화단의 거장 야스다 유키히코安田靭彦 화백에게서 인상 깊은 이야기를 들은 바 있다. 어느 날 화백은 이렇게 말했다. "세상에는 미술 평론가라는 사람들이 있어 전시회가 열릴 때마다 출품작에 대해 이러쿵저러쿵 평가하고 신문이나 잡지에 글을 쓰곤 합니다. 하지만 제 오랜 경험상, 그들의 평가는 화가 입장에서 보면 대부분 핵심을 짚지 못하는 경우가 많습니다. 칭찬이든 비판이든, 모두 본질을 벗어난 내용이 많아 화가들이 진심으로 감탄하거나 배울 수 있는 수준에 이르지 못합니다. 반면 같은 화가들끼리 나누는 평가는 그 길에서 직접 고생해 본 사람들의 이야기이기 때문에 아마추어는 알 수 없는 약점을 짚어내고, 장점을 정확히 지적해 주는 경우가 많아 귀담아들을 가치가 있습니다." 연극 평론가도 마찬가지다. 무대 경험이 풍부한 배우야말로 연기의 진가를 가장 정확히 안다. 나는 내 작품이 상연될 때, 여러 일류 가부키 배우들과 의견을 나눌 기회가 자주 있었는데 이들 대부분은 정규 교육을 받지 않았고, 근대 미학 이론도 배운 적이 없다. 그럼에도 불구하고 그들은 평론가의 논리나 연극적 문맥을 직관적으로 꿰뚫고 있었으며, 각본에 대한 깊은 통찰을 보여주어 나는 늘 감탄하곤 했다. 이들은 체계적인 학문을 습득하기에 적합한 지성을 갖춘 이들은 아니었지만, 오랜 세월에 걸쳐 단련된 감각 덕분에 연극의 본질을 정확히 파악할 수 있었던 것이다. 반면 갓 학교를 졸업한 젊은 연극 평론가들은 이러한 수련이 부족한 탓에 무대 연기의 진가를 제대로 파악하지 못하고, 결국 평면적인 해석과 논리만으로 비평을 이어가게 된다. 연극을 이해하려면 배우의 일거수일투족과 대사 전달의 세밀함을 감지할 능력이 필요하다. 이러한 감각적 요소 없이는 연극의 참맛을 이해할 수 없다. 그래서 도시에 사는 여성들이나 일반인들 중에도 어릴 때부터 연극을 많이 보고, 명배우들의 연기를 가까이에서 접하면서 자연스럽게 감각을 익힌 이들이 있으며, 때로는 전문가도 놀랄 만큼 예리한 평가를 내리는 경우도 있다.

그런데 여기서 여러분 중에는 한 가지 의문을 품는 이도 있을 것이다. "결국 감각이란 주관적인 것이 아닌가? 사람마다 느끼는 방식이 다른데 어찌 그것을 기준으로 삼을 수 있는가?" 실제로 모든 감각은 본질적으로 주관적이므로 두 사람이 완전히 같은 방식으로 느끼는 경우는 드물다. 어떤 사람은 담백한 맛을 좋아하고, 어떤 사람은 진한 맛을 즐긴다. 설령 둘 다 뛰어난 미각을 지니고 있더라도 한 사람이 특별히 맛있다고 느끼는 음식을 다른 사람은 그다지 맛있지 않다고 평가하거나, 심지어 맛없다고 느끼기도 한다. 또 두 사람이 똑같이 "맛있다"고 말했을 때, 그들이 실제로 같은 '맛있음'을 느꼈는지 확인할 방법은 없다. 그렇다면 문장을 감상할 때도 감각을 기준으로 한다면, 명문과 악문의 구별은 결국 개인의 주관일 수밖에 없는 것 아닌가? 이런 의문이 생기는 것도 당연하다.

확실히 그럴듯한 주장이다. 하지만 그러한 의문을 품는 사람에게 나는 다음의 사실을 들어 답하고 싶다. 내 친구 중에 대장성大藏省에서 근무하는 관리가 있는데, 그에게서 들은 이야기다. 매년 대장성에서는 일본 전국에서 양조된 술을 모아 품평회를 연다고 한다. 수십 종, 때로는 수백 종에 달하는 술이 출품되며, 그 우열을 가리기 위해 여러 명의 전문 감정가들이 시음과 토론을 거쳐 등급을 매긴다. 그런데 이렇게 다양한 술이 나와도 평가가 극단적으로 갈리는 일은 드물다고 한다. 가장 놀라운 점은 모든 감정가들의 미각과 후각은 수많은 술 가운데 가장 뛰어난 1등급 술을 선정하는 판단에서 거의 일치한다는 것이다. A 감정가가 최고 점수를 준 술에 대해, B와 C 감정가도 같은 점수를 준다는 건데, 아마추어들처럼 의견이 제각각으로 나뉘는 일이 거의 없다고 한다. 이 사실이 말해주는 건 무엇일까? 감각이 아직 세련되지 않은 사람들 사이에서는 '맛있다'와 '맛없다'에 대한 판단이 제각기 다르게 나타나지만, 감각이 충분히 연마된 사람들 사이에서는 놀라울 만큼 비슷한 평가가 내려진다는 것이다. 즉, 감각이 일정한 수준으로 단련되면 누구나 대체로 동일한 인식을 하게 된다는 사실을 보여준다. 그렇기 때문에 우리는 감각을 반드시 연마해야 하며, 그것이야말로 좋은 글을 쓰고 깊이 있는 감상을 하기 위한 가장 중요한 바탕이 되는 것이다.

하지만 글은 술이나 요리처럼 단순한 것이 아니기 때문에 사람에 따라 다소 취향의 차이가 생기며, 전문가들 사이에서도 어느 한쪽으로 편중된 경향이 전혀 없다고는 할 수 없다. 예를 들어, 위대한 문호이자 학자였던 모리 오가이도 『겐지 이야기』의 문장에 깊이 감탄하지는 않았다. 과거 요사노 뎃칸與謝野鉄幹과 아키코晶子 부부가 『겐지 이야기』를 현대어로 번역했을 때 오가이는 그 서문에서 "나는 『겐지 이야기』의 문장을 읽을 때마다 항상 약간의 어려움을 느낀다. 적어도 그 문장은 내 머릿속에 쉽게 들어오지 않는다. 과연 이것이 명문이라 할 수 있을까?"라는 의미를 완곡하게 표현한 바 있다. 그렇다면 『겐지 이야기』와 같은 일본 문학의 성전聖典으로 여겨지는 작품에 대해 이렇게 모독적인 평가를 한 인물이 오가이뿐일까? 실은 그렇지 않다. 『겐지 이야기』는 예로부터 호불호가 극명하게 나뉘는 작품이었다. 반면 같은 고전 명작인 『마쿠라노소시^{枕草紙}』는 대체로 일관된 호평을 받아왔고 혹평을 듣는 경우는 거의 없다. 『겐지 이야기』에 대해서는 내용도 문장도 전혀 볼 가치가 없다, 문장이 지리멸렬하다, 읽다 보면 졸음이 몰려온다는 식의 노골적인 혹평조차 예전부터 지금까지 꾸준히 있어왔다. 대개 이런 비판을 하는 사람들은 일본 문장의 전통적인 미감보다는 한문의 취향에 가까운 사람들로 유려한 문체보다 간결하고 단단한 문체를 선호하는 경우가 많다.

『겐지 이야기』는 일본 고전 문학의 대표작으로 일본어의 장점을 잘 보여주는 동시에 단점도 함께 드러내는 작품이다. 남성적이고 명확하며 울림이 강한 한문체 문장을 좋아하는 사람들에게는 『겐지 이야기』의 문장이 어딘가 불분명하고 느슨하게 늘어지는 듯한 인상을 주며, 사물이나 감정을 분명하게 표현하지 않고 흐릿하게 둘러말하는 방식이 답답하게 느껴질 수도 있다. 그래서 이런 결론을 내리고 싶다. 술을 좋아하는 사람도 어떤 이는 목 넘김이 부드러운 맛을 좋아하고, 또 어떤 이는 톡 쏘는 맛을 좋아하듯, 문체에 있어서도 일본어 특유의 서정적인 문장을 좋아하는 사람과 한문체처럼 간결하고 강건한 문장을 선호하는 사람이 있다. 『겐지 이야기』에 대한 평가가 엇갈리는 이유도 결국 이와 같은 기호의 차이에 기인한다고 볼 수 있다. 이러한 구분은 현대 구어체 문학에서도 여전히 유효하다. 비록 언문일치의 문장이어도 자세히 살펴보면 일본

어 특유의 유려함을 살리는 문장과 한문의 단단한 느낌을 전달하는 문장이 있다. 그 대표적인 예가 이즈미 교카, 우에다 빈, 스즈키 미에키치, 사토미 돈, 구보타 만타로, 우노 고지 등의 작가들은 서정적인 일본어 문체에 속하며, 나쓰메 소세키, 시가 나오야, 기쿠치 간, 나오키 산주고 등의 작가들은 한문체를 바탕으로 간결한 문체를 따랐다. 물론 일본어 문장에도 간결하고 강건한 유형이 존재하며, 고전 중에서는 『오카가미大鏡』『신황정통기神皇正統記』『오리타쿠시바노키折たく柴の記』 등이 대표적이다. 이를 문체 유형으로 나누자면 몽롱한 문체와 명확한 문체, 느슨한 문체와 단정한 문체, 유려한 문장과 실용적인 문장, 여성적인 문장과 남성적인 문장, 감성적 문장과 이성적 문장 등 여러 방식으로 부를 수 있을 것이다. 결국 가장 간단히 『겐지 이야기』를 지향하는 문장 유형과 그렇지 않은 문장 유형으로 크게 나눌 수 있다. 이러한 차이는 단순히 감각의 차이라기보다는 어쩌면 체질적 요소에서 비롯된 근본적 차이일지도 모른다. 하지만 어쨌든 문학을 지향하는 사람들이라면 누구나 어느 한쪽에 약간 기울어져 있는 경우가 많다. 나 역시 마찬가지다. 나는 술은 톡 쏘는 맛을 좋아하지만, 문장은 부드럽게 목을 넘기는 듯한 『겐지 이야기』식 문체를 더 좋아한다. 젊은 시절에는 한문체에 흥미를 느꼈지만, 나이가 들면서 점차 자기 본질을 자각하게 되었고, 그에 따라 자연스레 취향이 한쪽으로 기울게 되었는데 이는 어쩔 수 없는 일이다.

하지만 그렇다고 해서 특정 문체로만 치우치는 것은 바람직하지 않으며 감수성은 될 수 있는 한 넓고 깊으며, 무엇보다 공정한 것이 상식적이다. 여러분 역시 앞으로 많은 글을 써보는 과정 속에서 자연스럽게 자신만의 문체적 경향을 발견하게 될 것이다. 그리고 그런 시점이 왔을 때는 자신의 성향에 맞는 방향을 택해 그 길을 갈고닦아 나가는 것이 가장 현명한 길이라 할 수 있다.

3
문장의 요소

문장의 요소는 여섯 가지

 이미 여러 차례 강조했듯 문장을 배우는 데 있어 가장 중요한 것은 실제 연습이며 이론만으로는 큰 도움이 되지 않는다. 따라서 문장을 구성하는 요소를 몇 가지로 나누어 논하는 것은 어찌 보면 무익한 일일 수도 있다. 그러나 그렇게 말한다면 이 책의 집필 취지 자체가 무색해질 테니 시도 삼아 문장의 요소를 아래와 같이 여섯 가지로 나누어 앞서 다뤘던 내용을 보다 구체적으로 보완하고자 한다.

우선 나는 **문장의 요소**를 다음 여섯 가지로 구분한다.

1. 용어
2. 어조
3. 문체
4. 체재

5. 품격
6. 함축

물론 이는 결코 엄밀한 구분이 아니며 이 여섯 가지 요소는 서로 독립된 것도 아니다. 각각 다른 요소들과 겹치고 상호 밀접하게 얽혀 있기 때문에 사실상 하나하나를 완전히 떼어 놓고 설명한다는 것은 불가능하다. 따라서 어느 하나를 설명할 때에도 나머지 다섯 가지 요소가 동시에 언급되고 있다고 생각해도 좋다.

또한 이 중 네 가지, 즉 문체, 체재, 품격, 함축의 항목에서 말하려는 내용은 오직 일본어에서만 발견되는 특색이라 할 수 있다.

용어에 대하여

한 문장은 결국 하나 또는 여러 개의 단어로 이루어져 있으므로 어떤 단어를 선택하느냐는 문장의 본질을 결정짓는 중요한 문제다. 그래서 그 선택 요령을 간단히 요약하면 다음 한마디로 수렴된다.

색다름을 내세우려 애쓰지 말라

이를 좀 더 세분화하여 구체적인 지침으로 정리하자면 다음과 같다.

1. 알기 쉬운 단어를 선택하기
2. 가능한 한 오래전부터 널리 쓰여 온 고어古語를 선택하기
3. 적당한 고어가 없을 때에는 신조어를 사용하기

4. 고어도 신조어도 마땅한 게 없다고 멋대로 기이한 말을 만들지 않기
5. 근거 있는 단어라 하더라도 낯설고 어려운 성어^{成語}보다는 귀에 익숙한 외래어와 속어 선택하기

어떤 사물을 표현하기 위해서는 그 사물에 해당하는 다양한 동의어를 되도록 많이 알고 있어야 한다. 이를 위해서는 많은 책을 읽고, 다양한 어휘를 기억 속에 저장해 두어 필요할 때마다 꺼내 쓸 수 있어야 한다. 하지만 웬만큼 기억력이 좋지 않으면, 그 많은 동의어를 순간순간 떠올리기는 쉽지 않다. 그러므로 동의어 사전이나 영일사전 등을 늘 가까이 두고 필요할 때 참고하는 것도 유익한 방법이다. 이때 중요한 점은 평소 자신이 알고 있는 단어임에도 일시적으로 기억나지 않을 때 찾아보는 용도로 활용해야지 사전에 수록되어 있다는 이유만으로 자신에게 익숙하지 않거나, 실생활에서 거의 쓰이지 않는 낯설고 난해한 단어를 억지로 사용해서는 안 된다. 그리고 사전만 있으면 모든 단어를 찾을 수 있을 거라고 생각하는 것도 착각이며, 사전에 실리지 않은 속어, 은어, 방언, 외래어, 신조어 중에도 실제 상황에 훨씬 더 생생하고 적절하게 어울리는 단어들이 많다는 것을 잊어서는 안 된다.

가령 여러분이 '산보했다'는 의미를 표현하고자 할 때, 그

냥 '산보했다'라고 쓸 수 있어도 그 전에 한 번쯤은 동의어를 찾아보기 바란다. 그러면 다음과 같은 말들이 떠오를 것이다.

산보하다
산책하다
만보하다
한가로이 슬슬 거닐다
지팡이를 끌다
어정거리다
프롬나드promenade하다

그래서 여러분은 이 중에서 지금 상황에 가장 어울리는 표현이 무엇인지 생각해보고 하나를 골라 사용하는 것이다.

산보는 하나의 예일 뿐이며, 사소한 사안에서는 어떤 표현을 선택해도 큰 차이는 없을 것처럼 여겨지기 쉽다. 하지만 어휘 수가 비교적 적은 일본어에서도 '산보'와 같은 간단한 사항조차 즉석에서 일곱 가지의 동의어를 떠올릴 수 있는 점을 보면, 일반적으로 동의어란 예상보다 훨씬 많다는 사실을 알 수 있다. 그렇기 때문에 그 많은 동의어 중에서 상황에 가장 잘 들어맞는 말을 고른다는 것은 결코 쉬운 일이 아니다. 어떤 경우에는 "이 단어 말고는 대체할 수 없다"

고 느껴질 만큼 딱 들어맞는 말이 금세 떠올라 망설일 필요 없이 쓸 수 있지만, 대부분은 두세 개의 비슷한 표현들 사이에서 어느 것을 택할지 망설이게 된다. 그러나 만약 여러분이 그러한 두세 개의 비슷한 단어들을 보면서 어느 것을 써도 똑같고 별다른 차이가 없다고 느낀다면, 그것은 십중팔구 언어나 문장에 대한 감각이 둔감하다는 증거다. 이와 관련하여 프랑스 어느 문호의 말이 떠오르는데, "한곳에 가장 알맞은 단어는 단 하나밖에 없다"라는 말이다. **가장 알맞은 단어는 단 하나라는 생각을 여러분은 글을 쓸 때 깊이 마음에 새겨야 할 것이다.** 몇 개의 유사한 단어가 있을 때 그것들이 서로 대체 가능하다고 생각하는 것은 사고가 충분히 치밀하지 못하다는 뜻이다. 더욱 집중해서 골똘히 생각해보면 분명히 그중 어느 하나가 다른 단어들보다 더 알맞다는 사실을 알 수 있을 것이다. 비록 그것이 산보와 같은 사소한 사항이라 해도 '산보'와 '산책', '한가로이 슬슬 거닐기' '어정거리기'와 같은 말들은 각각 다른 느낌과 뉘앙스를 가지고 있어 전혀 다른 말이다. 어떤 상황에서는 '산보'보다 '산책'이, 또 다른 경우에는 '한가로이 슬슬 거닐기'가 더 적절할 수 있으며 이런 미세한 어휘의 차이에 무신경하거나 감각이 둔하다면 좋은 문장을 쓰는 데 도달할 수 없다.

그렇다면 어느 상황에서 어떤 단어가 다른 단어보다 더 적절한지는 무엇으로 결정되는가? 이 질문은 쉽지 않은 문제다. 우선 그 말이 자신의 머릿속에 떠오른 사상과 가장 정확하게 부합해야 한다. 이상적으로는 먼저 사상이 분명히 존재하고 그 사상에 꼭 들어맞는 말을 찾는 것이 바람직하겠지만, 그러나 실제 글쓰기에서는 그 반대의 경우도 적지 않다. 먼저 말이 떠오르고, 그 말에 의해 사상이 끌려 나오거나 말의 힘에 이끌려 생각이 정리되는 경우가 더 많다. 학자가 학문적인 이론을 서술하는 일반적 경우는 예외로 하고, 대부분의 사람들은 자신이 하려는 말의 본질조차 인식하지 못한 상태에서 글을 쓰는 경우가 많다. 실제로는 아름다운 음절의 조합이나 듣기 좋은 어조가 먼저 떠오르고, 그것을 시험 삼아 써보면 펜이 자연스럽게 움직여 어느새 한 편의 글이 완성되는 식이다. 즉, 처음 선택된 단어가 사상의 방향뿐 아니라 문체와 문장의 어조를 지배하게 되는 결과가 종종 발생한다. 예를 들어 '한가로이 슬슬 거닐다' 대신에 '한가히 느긋이 거니노라'로 쓰게 되면 그 단어에 낚여 문체가 자연스레 고전적인 문어체로 바뀌고, 또 '프롬나드' 같은 외래어를 사용하면 그 단어를 계기로 세련된 현대 문체로 나아가게 된다. 이는 단순히 문체의 변화에만 그치지 않는다. 다소 놀랍게 들릴 수도 있겠지만 소설가가 소설을 쓸 때 처음 떠올린 한 단어로 인해 원래 구상과는 전혀 다른 방향으로 이야기가 바뀌어 전개되는 경우도 실제로 종종 있다. 더 나아가 말하자면 많은 작가들은 처음부터 명확한 구상을 갖고 글을 쓰기 보다 쓰는 과정에서 단어와 문체, 어조에 의해 등장인물의 성격과 사건, 배경이 형성되고 그렇게 해서 하나의 작품 세계가 구축되는 것이다. 이와 관련해 이탈리아의 문호 가브리엘레 단눈치오 Gabriele D'Annunzio가 노년기에는 매일 사전을 읽으며 거기에서 단어를 골라 작품 구상을 시작했다는 이야기를 들은 적이 있는데, 내 경험으로 보건대 그것은 결코 과장이 아니다. 내가 청년 시절 쓴 단편 소설 「기린」은 줄거리보다도 먼저 '麒麟기린'이란 글자가 머릿속에 떠올랐다. 그 글자로부터 공상이 출발해 이야기가 전개되었다. 그런 의미에서 단어가 가진 힘은 실로 위대하다. 예로부터 사람들이 말 속에 영혼이 깃들어 있다고 생각하여 그것을 '언령言靈'이라고 불렀는데, 이는 결코 허황된 믿음만은 아니다. 현대적으로 말하자면, **말에는 고유한 매력이 있으며, 하나하나의 말은 하나하나가 그 자체로 생명력을 지니고 있어, 인간이 말을 쓰는 동시에 말 또한 인간을 움직이게 하는 존재이기도 하다.**

이렇게 생각해보면, 하나의 단어가 적합한지 아닌지를 판단하는 데에는 단순한 기준만으로는 부족하며 상당히 복잡한 사고 과정이 필요하다는 사실을 이해할 수 있을 것이다. 단지 의미가 정확하거나, 자신의 생각과 잘 들어맞는다고 그 단어가 반드시 적절하다고 단정할 수는 없다. 경우에 따라 단어에 맞춰 사상의 방향을 정리하는 것이 현명한 선택이 될 수도 있지만, 반대로 단어에 지나치게 이끌려 사상의 본질이 왜곡되지 않도록 경계해야 하는 상황도 있다. 결국 단어는 단지 한 문장, 한 구절에만 영향을 미치는 것이 아니라, 글 전체의 흐름과 인상을 결정짓는 요소가 되기도 하므로 단어를 선택할 때는 문장 전체의 균형과 조화를 반드시 고려해야 한다. 이를 위해서는 앞서 말한 여섯 가지 요소 즉 용어, 어조, 문체, 체재, 품격, 함축의 관점을 모두 포함해 단어의 적합성을 판단해야 한다. 이러한 관점에서 뛰어난 단어 선택의 사례로 꼽을 수 있는 것이 바로 시가 나오야의 단편「만력 적회万曆赤繪」의 첫 문장이다.

> 교토의 박물관에는 한 쌍으로 이루어진 만력万曆 시대의 <u>더할 나위 없는</u> 꽃병이 있다….

여기 사용된 형용사 '더할 나위 없는'이야말로 그 절묘한 선택을 보여주는 단어다. 이 꽃병의 아름다움을 표현하기 위해 '멋진' '훌륭한' '예술적인' 등의 단어를 쓸 수 있었겠지만, 그 어느 표현도 '더할 나위 없는'이 지닌 여운과 깊이를 대체할 수는 없다. 이 단어는 꽃병의 외관을 찬미하는 데 그치지 않고, 그 작품 전체가 풍기는 정취와 분위기까지 포괄하는 그야말로 단어 하나로 글의 인상을 결정짓는 역할을 하고 있다. 바로 이런 간단한 말 하나의 선택에서 작가의 세심한 안목과 노련함이 드러난다.

생각건대 예로부터 문장을 조탁하거나 퇴고한다고 표현해 온 것도 결국은 단어 하나하나의 선택을 두고 깊이 고심한다는 뜻이다. 나 역시 수십 년 동안 문장을 써 오고 있지만, 지금도 여전히 단어 하나를 고르는 데에 많은 시간을 들이고 젊었을 적만큼이나 큰 힘이 든다. 다만 젊은 시절과 다른 점은 있다. 그 시절에는 하나의 단어가 지닌 매력에 쉽게 이끌렸고 때로는 그 단어에 휘둘리는 것도 마다하지 않았다. 당시에는 서양 문장의 영향을 강하게 받아 언어에 여운이나 깊이가 있는 표현을 꺼리고 가능한 한 신선하고 감각적인 단어, 눈에 띄고 인상적인 표현만을 선호했다. 그 결과 치밀하고 명료한 글을 쓰는 데 집착했고, 사람들의 시선을 끌 수 있는 강렬한 단어를 우선적으로 선택하곤 했다. 그러나 시간이 흐르면서 점차 그러한 방식의 글쓰기가 자칫 천박한 인상을 줄 수 있다는 것을 깨닫게 되었고, 지금은 오히려 의미를 절제하고, 단어의 특이함을 의도적으로 억제하려는 방향으로 점차 바뀌어 가고 있다.

이런 경험을 바탕으로 앞서 나열한 항목을 설명해 보고자 한다.

첫째, 알기 쉬운 단어를 선택하기

용어 사용의 가장 기본적인 원칙이다. 여기서 말하는 알기 쉬운 단어에는 당연히 문자도 포함된다. 이 원칙이 중요하다는 사실은 누구나 알고 있을 것이다. 그러나 내가 특히 이 점을 강조하는 이유는 요즘 글을 쓴다는 사람들 사이에 일종의 나쁜 유행처럼 번지고 있는 경향 때문으로 그들은 쉬운 말로도 충분히 전달할 수 있는 내용을 굳이 어렵게 꾸며 표현하고, 마치 지식인인 양 보이려는 표현 방식을 선호한다. 중국 당나라의 대시인 백낙천^{白樂天}이 시를 발표하기 전, 글을 배우지 못한 할아버지나 할머니에게 초고를 들려주고 그들이 이해하지 못하는 단어가 있으면 주저없이 더 쉬운 단어로 바꾸었다는 일화는 내가 어린 시절부터 자주 들었던 유명한 이야기다. 하지만 요즘 사람들은 이 백낙천의 마음가짐을 아무래도 잊은 듯하다. 결국 중요한 것은 자신의 학식이나 지식을 과시하려 하거나, 남이 쓰지 않은 표현을 억지로 만들어 내거나, 자기만 똑똑한 척하려는 태도, 즉 색다름을 내세우려는 성질을 고치는 데 있다.

둘째, 가능한 한 오래전부터 널리 쓰여 온 고어를 선택하기

여기서 말하는 고어^{古語}란, 메이지 시대 이후 서양 문화가 유입되며 새로 생겨난 신조어에 대비되는 말로 그 이전부터 일상적으로 상용되어 온 전통적인 단어들을 가리킨다. 이 고어 가운데에는 신화 시대부터 전해 내려온 오래된 말도 있고 에도 시대에 생겨난 새로운 말도 있으나, 그중에서도 오늘날까지 일반적으로 쓰이고 있는 단어들을 사용하는 것이 가장 알맞다. 이런 단어들은 누가 어디서 사용하더라도 의미가 명확하여 오해의 소지가 적고 알기 쉬운 단어라는 기준에도 부합한다.

요즘은 교육의 보편화로 인해 아무리 외진 시골이라 해도 대부분의 사람들이 신조어를 이해할 수 있으나, 하지만 신조어란 대개 서양어를 번역하여 만들어진 것이라 사람과 시대에 따라 번역 방식이 제각각으로 해석과 의미가 달라진다. 예를 들어 메이지 초기에 '철학哲學'이라는 말을 '이학理學'이라고 부르던 시절이 있었지만 지금 '이학'은 물리학이나 자연과학을 뜻하게 되었다. 또한 영어 '시빌리제이션 Civilization'을 옮긴 '문명'이라는 단어는 요즘에는 다소 구시대적인 어감으로 받아들여지는 반면, 독일어 '쿨투어 Kultur'를 번역한 '문화'라는 말은 더 자주 쓰이고 있다. 두 단어는 의미상 약간의 차이가 있지만 현대 일본어에서는 문명보다 문화 쪽이 더 일상적으로 사용된다. 그 외에도 영어 '아이디어 Idea'에 대응하는 번역어로는 관념觀念, 개념概念, 이념理念, 상념想念, 심상心象, 의상意象* 등 여러 단어가 존재하며 이들은 각각 의미와 뉘앙스가 조금씩 다르다. 또한 예전에는 '검사檢查, 조

---

*   상징적 이미지.

사^{調査}, 연구^{研究}'라고 표현하던 것을 요즘에는 '검토^{檢討}'라고 쓰기도 하고, '선두^{先頭}'나 '선구^{先驅}'를 '첨단^{尖端}'이라고 하며, '날카롭다' '예민하다' 대신 '첨예하다'라는 단어가 쓰인다. '이해^{理解}'와 '양해^{諒解}'도 요즘에는 '인식^{認識}'이라는 단어로 대체되는 경우가 많고, '총결산^{總決算}'이나 '총계산^{總勘定}'이라는 표현도 '청산^{淸算}'이라는 단어로 수렴되고 있다. 현대사회에 사는 우리가 현대어를 사용하는 것은 자연스러운 일이지만, 일본어의 경우 신조어의 유행 주기가 매우 빠르다는 특징이 있다. 하나의 신조어가 시골 구석구석까지 퍼질 무렵이면 대도시에서는 이미 새로운 신조어가 생겨나고 있는 것이다. 내가 기억하는 것만 해도 그런 단어의 변화는 수없이 많았다. 하지만 문장이란 당대의 사람들과 대도시의 지식인층만을 위한 것이 아니며, 가능하면 후대의 사람들 그리고 시골의 노인과 농부들까지도 이해할 수 있도록 쓰는 것이 이상적이다. 그러므로 유행에 민감하고 사람에 따라 사용 방식이 제각각인 신조어는 될 수 있으면 피하는 것이 좋다.

덧붙이자면 예로부터 사용되어 온 단어들 가운데에도 일본어 고유의 단어와 한자어 계통의 단어가 있으며, 이 중에서는 가능한 한 복잡한 한자를 쓰지 않는 일본어 고유 단어를 우선 사용하는 것이 바람직하다. 다만 한자어나 한자에 대한 자세한 논의는 다시 따로 다루기로 하겠다.

셋째, 적당한 고어가 없을 때에는 신조어를 사용하기

신조어라고 해도 그 종류는 다양하다. 그중에는 수십 년 동안 널리 사용되어 이제는 고어와 다를 바 없는 단어도 있으며, 이런 경우라면 굳이 꺼릴 필요는 없을 것이다. 문제는 최근 생겨난 신조어 가운데 대도시의 일부 계층만 사용하는 것, 즉 그 유행이 일반화될지조차 불분명한 단어다. 예컨대 몇 해 전 미국에서 유행하던 '환호'를 뜻하는 '우피whoopee'라는 단어를 신문이 소개하며 퍼뜨리려 했지만 예상을 빗나가 별다른 반향 없이 사라진 일이 있었다. 이처럼 수명이 짧은 신조어가 많기 때문에 무분별하게 사용하면 사람의 품격까지 가벼워 보이기 쉽다.

하지만 신조어 중에는 진보한 현대사회의 구조에 발맞춰 시대의 자연스러운 요구에 따라 생겨난 말들도 적지 않다. 그런 경우에는 고어에 해당하는 말이 없기 때문에 결국 그 신조어를 쓸 수밖에 없다. 비행기처럼 과거에 존재하지 않았던 사물에는 고어가 있을 수 없고 따라서 비행기라고 부를 수밖에 없다. 근대 과학 문명이 낳은 모든 숙어, 기술어技術語, 학술어學術語 등도 모두 그러하고, '조직, 체계, 유기적, 이데올로기'와 같은 개념어들도 마찬가지다.

그러나 내가 여기서 강조하고 싶은 점은 **적당한 고어로 대체 불가능할 때에 비로소 신조어를 사용하며** 가능한 한 고어로 표현하려는 마음가짐을 잊지 말아야 한다는 것이다. 왜냐하면 실제로 글을 써보면 신조어를 사용하지 않아도 되는 경우가 의외로 많기 때문이다. 예를 들어 앞서 언급한 '조직'은 '구조, 장치, 구성' 같은 표현으로 충분히 대체할 수 있으며, 반드시 '조직'이라는 단어를 써야 하는 경우는 많지 않다. '의식하다'도 '알고 있다' '느끼고 있다' 또는 '깨닫고 있다' 같은 표현으로 얼마든지 대신할 수 있다. '개념'이나 '관념' 역시 '생각'이라고만 해도 의미는 충분히 통한다.

그가 나를 보고 있다는 것을 **의식하고** 있었다.
그는 **의식적으로** 반항했다.
그에게는 국가라는 **관념**이 없다.

위의 문장은 다음과 같이 각각 바꿀 수 있다.

그가 나를 보고 있다는 것을 **알고** 있었다. (또는 **느끼고** 있었다. 특히 **깨닫고** 있었다)
그는 **일부러**(또는 **고의로**) 반항했다.
그에게는(그의 머리에는) 국가라는 **생각**이 없다. (또는 그는 국가라는 것을 **생각하지** 않는다)

이러한 표현들은 더 자연스럽고 많은 사람들에게 쉽게 이해되는 인상을 줄 수 있다. 물론 '알다' '깨닫다' 같은 단어가 반드시 '의식하다'와 완벽히 대응한다고 할 수 없다. 마찬가지로 '생각'이라는 단어도 '개념'이나 '관념'과 정확히 일치하는 동의어는 아니다. 이러한 신조어들이 만들어진 데에는 그 나름의 이유가 있고, 엄밀히 말하자면 이 신조어들을 완전히 대체할 고어가 없는 것도 사실이다. 그러나 특별히 논리적이거나 정밀한 표현이 요구되지 않는 한, 굳이 하나하나의 단어를 지나치게 세밀하게 한정할 필요가 있을까. 예컨대 "그가 나를 보고 있다는 것을 의식하고 있었다"는 문장을 '알고 있었다'고 하면 의미가 다소 모호해지기는 해도 '알다'라는 단어 안에 이미 '의식하다'가 포함되어 있으므로 '알고 있었다'라고 해도 독자는 충분히 '의식하고 있었다'라는 의미로 받아들일 수 있으며, 실제로 아무런 문제도 발생하지 않는다. 게다가 30쪽에서 언급했듯이, 문장의 요령이란 "언어와 문자로 표현할 수 있는 것과 표현할 수 없는 것의 한계를 알고, 그 한계 안에 머무르는" 것이라는 점을 여러분께 다시 한번 상기시키고 싶다. 만약 여러분이 의미의 정확성만을 추구하여 지나치게 정밀함을 요구한다면, 결국 어떤 단어도 만족할 수 없게 될 것이다. 그렇기 때문에 의미가 약간 모호한 표현을 하고, 해석의 여지는 독자의 상상력과 감각에 맡기는 것이 더 나은 경우도 있다.

전반적으로 현대인들이 필요 이상으로 새로운 단어를 만

들어 내려는 경향은 다름 아닌 한자라는 지나치게 편리한 문자의 존재가 오히려 그 원인이 되고 있기 때문이다. 한자는 일본의 전통적 문자 배열인 '이로하^{いろは}'나 알파벳처럼 단순한 표음문자가 아니라 하나의 글자가 하나의 의미를 갖는 표의문자이기 때문에 신조어를 만들기에 이보다 더 편리한 문자가 없다. 예를 들어 축음기를 영어로는 '포노그래프^{Phonograph}' 또는 '토킹 머신$^{Talking\ Machine}$'이라고 부르지만 일본어에서는 단 세 글자의 한자어 '축음기^{蓄音機}'로 번역했다. 이 표현은 영어보다 훨씬 간결하면서 그 기계의 본질을 더욱 정확하게 드러내는 뛰어난 번역이라 할 수 있다. 또한 영어의 '무빙 픽처$^{Moving\ Picture}$'는 줄여서 '무비^{Movie}'라고 하는데, 이 '무비'라는 단어는 그 자체로는 아무런 의미도 담고 있지 않다. '무비'의 철자를 모르는 사람에게는 그 뜻을 추측조차 할 수 없다. 반면에 일본어에서는 이를 한자로 '활동사진^{活動写真}' 또는 '영화^{映画}'라고 써서 말 그대로 움직이는 영상이라는 의미를 명확하게 담고 있다. 이처럼 의미를 전달하는 힘은 전적으로 한자 덕분이다. 그러나 한자가 없다면 축음기를 '치쿠온키^{チクオンキ}', 활동사진을 '가쓰도샤신^{カツドーシャシン}', 영화를 '에이가^{エイガ}'라고 음독하는 말들은 그 의미를 모르는 사람들에게는 단지 의미 없는 소리의 나열일 뿐이다. 이처럼 일본이 메이지 시대 이후 서양의 학문, 사상, 문물을 수입하는 과정에서 다양한 기술어와 학술어를 번역하는 데 큰 어려움이 없었던 것

3 문장의 요소

은 전적으로 한자를 활용한 조어의 유연함 덕분이라 할 수 있다. 하지만 그와 동시에 우리는 이 한자의 편리함에 지나치게 의존하다 보니 언어라는 것이 기본적으로 암호라는 사실을 잊고 결국 복잡하고 방대한 개념을 단 몇 글자의 한자에 억지로 담아내려고 무리하게 된 것이다. 예컨대 '축음기'나 '영화'라는 표현이 '토킹 머신'이나 '무비'보다 더 직관적일 수 있으나 그 실물이나 기능을 알지 못하는 사람에게는 아무리 뜻을 담은 단어라 해도 결국 설명이나 그림 없이는 완전히 이해하기 어렵다. 그렇다면 이러한 명사는 이미 알고 있는 사람들 사이에서만 통용되는 일종의 암호와 같으며, 단지 두세 글자의 단어 속에 그 물건의 성능을 완전히 담아내지 않아도 된다. 실제로 우리는 발성영화를 '토키'라고 부르는데, 이는 미국에서 '토킹 픽처$^{Talking\ Picture}$'를 줄여 부른 말을 일본식으로 받아들인 것이다. 영어에 익숙한 사람이라면 어느 정도 뜻을 유추할 수 있겠지만 영어를 모르는 사람에게는 의미 없는 외래어일 뿐이다. 그럼에도 불구하고 요즘 '토키'라는 말은 일본 방방곡곡에 퍼져 누구나 알고 있는 말이 되었다. 이외에도 택시, 타이어, 매치(성냥), 테이블, 다이아몬드 같은 단어는 일본어 사용자에게는 의미를 지니지 않는 단순한 음의 조합일 뿐이지만 실생활에서 사용하는 데에는 아무런 문제가 없다. 결국 명사란 사물의 이름으로 일종의 암호 역할만 제대로 수행하면 그 자체로 충분한 기능을 한다. 이미 합의된 용어가 있는 이상, 여러 표현을 동시에 쓰면 혼란을 부를 수 있다.

그러나 현대인들은 이처럼 명백한 이치를 잊은 채 한자의 의미에 집착한 나머지 '관념'이 마음에 들지 않으면 '개념'으로 바꾸고, 그것도 부족하다 느끼면 '이념'으로 다시 바꾸는 식으로 끊임없이 새로운 단어를 만들어 낸다. 학자들 또한 자신의 학설에 기존 용어를 그대로 쓰지 않고 일부러 독창적인 한자 조합을 경쟁적으로 만들어 사용한다.

이로 인해 현대의 신조어는 두 글자 또는 서너 글자의 한자를 조합해 만든 일본식 한자어로 구성되며 여기에 이전부터 써 오던 한자어까지 더하면 오늘날 통용되는 한자의 수는 우리가 생각하는 것보다 훨씬 많을 것이다. 내가 보기에 지금보다 한학漢學이 성행했던 에도 시대에도 한시나 한문을 자유자재로 다루며 한자어를 구사하던 사람은 많지 않았고 대부분의 사람들은 좀 더 소박한 일본식 표현을 일상적으로 사용했을 것이다. 간단한 예로 과거에는 오늘날처럼 내각총리대신이나 경시총감 같은 어려운 직함 대신 로주老中, 와카도시요리若年寄, 메쓰케目付 등 쉽고 일상적인 표현이 사용되었다. 또한 용의자나 피의자도 지금처럼 딱딱한 한자어 대신 '오타즈네모노お尋ね者'라 불렸다. 실제로 내가 어린 시절만 해도 순경은 '오마와리お巡り', 증기선은 '가와조키川蒸気', 증기기관차는 '오카조키陸蒸気'라고 부르던 기억이 있다. 이러한 예

3 문장의 요소

에서 보듯 오늘날 사람들은 글뿐만 아니라 일상 대화에서도 한자어를 필요 이상으로 자주 사용하고 있다. 가장 우스운 사례로 내가 어느 날 이비인후과에 갔을 때 젊은 의사가 진찰 중에 '다코ᵍᵏ'라는 단어를 썼다. 처음에는 무슨 뜻인지 전혀 알 수 없었는데 계속 '다코, 다코'라고 반복하길래 한참 생각하다가 그 말이 '다코痰壷', 즉 가래를 뱉는 통을 의미한다는 사실을 겨우 알게 되었다. 아마도 '단하키痰吐き, 가래 뱉기'는 너무 속되게 느껴져 좀 더 품위 있는 어휘를 쓰고자 선택한 표현이었을 것이다. 또 다른 예로 시골의 여관에 묵었을 때 프런트 직원이 나를 맞으며 '헤이칸, 헤이칸'이라 인사를 한 적이 있다. 나는 처음에 그 말이 폐하를 뜻하는 '헤이카陛下'로 들려 순간 당황했지만 알고 보니 '헤이칸弊館'으로, '저희들'이나 '저희 가게'라는 뜻의 겸양 표현이었다. 그렇다면 왜 도쿄나 오사카처럼 대도시 사람들은 편안하고 구수한 말을 쓰는 반면, 시골 사람들은 생소한 한자어를 많이 쓰는 걸까? 이는 아마도 도시 사람들 앞에서 시골 말투를 들키지 않으려는 일종의 의식적 노력 때문일 수도 있다. 하지만 그것만이 이유라고는 할 수 없다. 가령 추고쿠 지방의 어떤 곳에서는 '닭'을 일본어식으로 '니와토리ニワトリ'라 하지 않고 한자음 그대로 읽어 '케이ケィ'라고 부른다. 감자는 '자가이모ジャガイモ' 대신 한자음 그대로 '바레이쇼バレイショ'라 한다. 또 숫자를 셀 때도 '하나, 둘' 대신 '한 개, 두 개'처럼 한자어식 표현을 사

용하는 것도 주로 시골 사람들에게서 볼 수 있는 현상이다.

그럼에도 불구하고 내가 항상 이상하게 느끼는 것은 신조어는 아무렇지 않게 유행하고 있으면서 오늘날 한자 사용을 제한하자거나 로마자 보급을 확대하자는 정책이 장려되는 점이다. 정치인도 교육자도 한자를 외우는 것이 아동에게 큰 부담으로 시간과 정력이 낭비되는 것으로 인정하며, 교육과정에서 이 부담을 최대한 줄이려는 노력을 기울이고 있다. 그럼에도 한편으로는 '다코'와 같은 난해하고 생경한 신조어가 새로 만들어지고 널리 퍼지는 현실은 시대의 흐름에 어긋나는 모순된 현상이라 하지 않을 수 없다. 실제로 오늘날 통용되는 일본식 한자어 중에서 그 의미나 사용 맥락을 잘 모르면 '다코'처럼 어딘가 우스꽝스럽고 부자연스러운 느낌을 주는 표현이 적지 않아서 이번 기회에 나는 감히 신조어뿐만 아니라 고어 중에서도 불필요하게 어려운 한자어는 가급적 피하고 일본 고유의 부드러운 말을 되살리자는 취지에서 음독音讀의 습관을 기르고, 문자를 떠나 귀로 듣고 이해하는 감각을 키우는 것이 중요하다고 이미 앞서 40쪽에서 말한 대로이다. 물론 숙어를 만들 때 한자는 매우 편리한 도구이지만 일본어 고유의 표현만으로도 충분히 다양한 의미를 담아낼 수 있다는 점은 목수, 미장공, 문짝 제작자, 목공장인, 도장공, 표구사 같은 전통적인 장인들이 사용하는 기술 용어를 참고해 볼 수 있다. 예를 들어 목수가 사용하

3 문장의 요소 125

는 안쪽 덧댐ウチノリ, 바깥 덧댐ソトノリ, 접합부トリアイ, 안길이ミコミ, 맞춤면ツラ, 이음매メジ, 짜맞춤 홈アリ 등의 용어 그리고 문짝 제작자나 목공장인이 사용하는 단일 미닫이문一本引き, 양쪽 미닫이문引き違い, 여닫이문開キ戸, 접이식 문マイラ戸, 하부장地袋, 상부장天袋, 모서리 보강재ハシバメ, 불경 인쇄용 목판鏡板, 곡선형 다리猫脚, 직선형 다리胡桃脚와 같은 용어를 들 수 있다. 이 중에는 한자로 표기되더라도 뜻을 곧바로 알기 어려운 단어도 적지 않으나 실제 사용에 아무런 불편이 없는 것을 보면 일본어도 의외로 세심하고 다양하게 운용될 수 있는 언어임을 새삼 실감하게 된다. 그렇다면 우리는 이 장인들의 표현 방식을 본받아 '사회'를 '세상世の中'으로, '징후'는 '징조きざし'로, '예감'은 '육감虫の知らせ'으로, '첨단'은 '칼끝切ッ先' 혹은 '돌출부出ッ鼻'로, '잉여가치'는 '차감差引' 또는 '차익さや'으로 바꿔 표현할 수 있을 텐데 이런 표현이 사회 전반에 신선한 감각을 불러일으키게 된다면 굳이 까다롭게 한자를 사용하지 않아도 충분할 것이다.

넷째, 고어도 신조어도 마땅한 게 없다고 멋대로 기이한 말을 만들지 않기

이 점에 대해서는 굳이 장황한 설명이 필요하지 않을 것이다.

만약 여러분이 지금까지 존재하지 않았던 새로운 사상이나 개념을 설명하고 싶다면, 억지로 그에 걸맞은 단어를 창조해 내기보다는 예로부터 존재해 온 익숙한 단어들을 조합해 구절 형태로 설명하는 편이 훨씬 바람직하다.

어쨌든 적절한 단어의 수를 사용해 내용을 분명히 전달하는 것이 이해를 돕는 데 유리하며 두세 글자의 한자어로 억지로 축약하려는 시도는 피하는 게 좋다. 불필요한 말이 없는 게 좋은 문장의 조건 중 하나이기는 하지만, 그렇다고 해서 꼭 필요한 말까지 생략해버리면 전달력이 약해질 뿐만 아니라 문장의 품격도 떨어지게 된다. 문장은 간결해야 하지만 동시에 적절한 여유도 갖추고 있어야 이상적인데 요즘 들어 템포, 스피드 같은 개념이 강조되다 보니 사람들의 사고방식에도 조급함이 스며들었고 '여유'라는 미덕이 거의 잊힌 것처럼 보인다. 기이한 신조어들이 유행하는 것도 이런 풍조의 반영 중 하나일 것이다. 예를 들어 '대망待望'이라는 표현을 들으면 나는 언제나 무릎을 세우고 식탁 앞에서 허겁지겁 밥을 입에 밀어 넣는 모습이 연상되어 왠지 천박한 인상을 떠올리지 않을 수 없다. '대망'이란 말은 아마도 '기대期待'와 '희망希望'을 합쳐 만든 표현일 텐데, 굳이 그처럼 조급한 어감을 가진 말을 사용할 필요는 없으며 '기대하면서 동시에 희망한다'거나 '반드시 그렇게 될 것이며 또 그렇게 되었으면 한다'와 같이 문장으로 풀어 표현해도 충분하다.

이와 같은 의미에서 긴부라^{銀ブラ}, 신부라^{心ブラ}, 후센^{普選}, 고코^{高工}, 다이쿄^{體協}* 등과 같은 약어 사용도 문장에서 보기에 썩 품격 있어 보이는 표현은 아니다. 물론 어떤 약어는 원래 표현보다 널리 통용되어 오히려 정식 표현을 쓰는 것이 어색하게 느껴질 때도 있다. 예를 들어 장어덮밥^{鰻丼}은 우나돈^{ウナドン}보다 우나기돈부리^{ウナギドンブリ}라고 해야 자연스럽고, 반대로 튀김덮밥^{天丼}을 덴돈^{テンドン} 대신 덴푸라돈부리^{テンプラドンブリ}라고 부른다면 우스꽝스럽게 들릴 것이다. 이처럼 약어 사용 여부는 사물이나 상황에 따라 조절이 필요하지만 대체로 다소 지나치게 정중해 보이더라도 정식 표현을 사용하는 것이 더 품위 있어 보인다. 이 문제는 뒤에 나올 '품격에 대하여'라는 항목에서 자세히 다루겠지만 특히 외래어를 무단으로 줄여 만든 프로^{プロ}, 아지^{アジ}, 데모^{デモ}, 데마^{デマ}** 등은 영어를 모르는 일본인도 외국인도 이해하기 어려운 말들로 이런 표현들은 사용을 자제하는 것이 좋다. 본래 이런 줄임말들은 무산계급 운동가들이 내부에서만 통하는 일종의 은어처럼 쓰이기 시작한 것인지도 모른다. 그렇다면 일반 대중이 이를 무

---

*   '긴부라'는 도쿄의 도심 거리인 '긴자'를 어슬렁거리며 산책하는 것을 뜻하는 말로, '긴자 산책' '긴자 거닐기' 등 도쿄의 고급 백화점이 늘어선 긴자에서 여유롭게 보내는 것을 의미한다. '신부라'는 '긴부라'에서 나온 것으로 마음이 이끌리는 대로 이리저리 배회한다는 뜻이다. '후센'은 보통선거, '고코'는 고등공업학교, '다이쿄'는 체육협회의 약어이다.
** 각각의 원어는 프로페셔널, 아지테이션(선동), 데먼스트레이션, 데마고기(헛소문).

분별하게 모방하여 모던걸을 '모걸', 모던보이를 '모보'라 부르며 기이한 형태로 유행시키는 것은 자제해야 할 일이다.

다섯째, 근거 있는 단어라 하더라도 낯설고 어려운 성어^{成語}보다는 귀에 익숙한 외래어와 속어 선택하기

이 역시 굳이 설명할 필요가 없을 만큼 자명한 원칙이다.

일본어 계통의 단어가 좋다고는 하나, 『고지키^{古事記}』나 『만요슈^{万葉集}』에서나 겨우 발견할 수 있는 고어보다는 현대 일본어에서 널리 쓰이는 한자어가 더 나은 경우가 많다는 점은 두말할 나위 없다. 예를 들어 'しじま^{시지마}'*는 시적이긴 하지만 일상 문장에서는 '침묵'이라고 표현하는 것이 더 자연스럽다. 또한 품격을 추구한다고 해서 지나치게 고상하고 귀에 잘 들리지 않는 낯선 표현을 사용하는 것은 역효과를 불러올 수 있다. 실제로 필요한 상황에서 대중적인 표현을 쓰는 것은 천박해 보이지 않지만 억지로 고상한 단어를 쓰면 어색하고 불쾌한 인상을 줄 수 있다. 예를 들어 '5만 엔'을 '진품오^{珍品五}'라 표현한다면 어떨까? '가래 뱉기'를 '다코'로 부른다고 정말 고상하게 들릴까?

---

* 'しじま'는 완전한 침묵과 깊은 고요함이 감도는 상태를 말한다. 정적, 고요함, 적막 등을 의미하며, 특히 밤이나 새벽의 적막한 분위기, 사람이 없는 공간의 정적 등을 표현할 때 사용된다.

차라리 생경한 한자어를 써서 문장을 격식 있게 꾸미기보다는 부드럽고 알기 쉽게 말을 씹어주듯 풀어 설명하는 것을 세속적으로 풀어준다고도 하지만, 나는 오히려 여러분이 장인이나 서민들이 사용하는 생활 속 언어에 좀 더 귀 기울이고 이를 익혀 문장에 도입해 보기를 권하고 싶다. 그들이 사용하는 말은 분명 속어이지만 꽤 재치 있고 세련된 표현이 많아 결코 천박한 느낌을 주지 않는다. 복잡한 숙어보다 단 하나의 속어가 상황에 꼭 들어맞아 가려운 곳을 정확히 긁어줄 수 있다. 소설가 중에서는 사토미 돈이나 구보타 만타로 등이 속어를 자유롭게 구사하며 각자 개성적인 문체를 구축한 이들로 그들의 어휘 사용을 연구해 보는 것도 좋은 공부가 될 것이다. 특히 나는 라쿠고^{落語} 연기자나 고단^{講談} 연기자들 그중에서도 명인으로 불리는 이들의 연기를 듣는 것을 적극 권하고 싶다. 거기에는 살아 있는 언어의 맛과 어조의 리듬이 생생하게 담겨 있기 때문이다.

이제 외래어에 대해 이야기해 보자. 외래어 역시 의미가 뚜렷이 통한다면 굳이 한자로 번역할 필요는 없고 원어 그대로 사용하는 것에 동의한다. '무비'를 '영화'로 번역했다고 해서, 꼭 '토키^{Talkie}'까지 굳이 번역할 필요는 없다. 일부 번역자들은 '버터'를 '우락^{牛酪}', '치즈'를 '건락^{乾酪}', '라이팅 데스크'를 '서적상^{書物机}'처럼 옮기려 하지만, 실제로 그런 표현을 사용하는 사람은 없다. 이런 식으로 나간다면 빵, 펜, 잉크,

램프까지 모두 번역해야 하는 상황이 될 것이다. 게다가 앞서 언급한 한자어의 문제점을 고려하면 불필요한 신조어를 만들기보다는 원어를 그대로 받아들이는 쪽이 훨씬 간단하고 명확하며 시대의 흐름에도 부합한다고 할 수 있다.

어조에 대하여

 어조는 흔히 문장의 음악성과 같은 요소로 이 문제는 무엇보다 감각에 크게 좌우되며 말로 설명하기가 매우 어렵다. 즉 문장론 중에서도 가장 가르치기 어려우며 타고난 소질에 크게 의존하는 부분이 바로 이 어조라고 할 수 있다.

 예로부터 '문장은 인격의 표현이다'라는 말이 있다. 하지만 문장은 단지 인격만을 반영하는 것이 아니라 실제로는 그 사람의 체질이나 생리적 상태까지도 자연스럽게 문장 속에 드러나며, 특히 이러한 요소들이 가장 잘 나타나는 것이 바로 어조다. 그렇다면 문장의 어조는 곧 그 사람의 정신의 흐름이자 혈관의 리듬이라고도 할 수 있다. 그만큼 어조와 체질 사이에는 밀접한 관계가 있다. 마치 목소리나 피부색이 사람의 신체 상태를 연상시키듯이 문장의 어조 또한 쓰는 사람의 체질을 반영한다. 글을 쓸 때 스스로 의식하든 의식하지 않든 누구나 자기 체질에 맞는 어조를 문장 속에 자연스레 드러낸다. 타고난 열정가라면 감정이 분출되는 듯한 어조가 되고, 냉정한 사람은 차분하고 절제된 어조가 된다. 호흡기가 약한 사람은 문장이 숨이 끊기는 듯한 리듬이 드러나고, 소화기에 문제가 있는 사람은 문장의 색조마저도 탁하고 흐릿해지는 경우가 있다. 부드러운 어조를 선호하는가 하면, 거칠고 강한 어조를 선호하는 사람도 있는데 이러한 경향도 대체로 체질에서 비롯되므로 결국 어조는 후천적으로 쉽게 바꿀 수 있는 것이 아니다. 만약 누군가가 자신의 문장 어조를 바꾸고 싶다면 체질이나 마음가짐 같은 보다 깊은 차원에서 변화가 있어야 비로소 바뀔 수 있다. 하지만 이 정도로만 설명하면 너무 포괄적이기 때문에 우선 대략적인 종류를 열거하고 그에 속하는 대표적인 작가들을 소개함으로써 참고가 되도록 하겠다.

1. 유려한 어조

이 어조는 앞서 말한 『겐지 이야기』 유형의 문장에 해당하며, 마치 물 흐르듯 자연스럽고 매끄러워서 어느 지점에서도 막히거나 끊기는 느낌이 없다. 이러한 어조로 글을 쓰는 사람은 개별 단어 하나하나가 눈에 띄는 것을 꺼린다. 그래서 한 단어에서 다음 단어로 이어지는 연결이 그 흐름에서 자연스럽게 묻히도록 신경 쓴다. 이때 한 문장에서 다음 문장으로 이어지는 문장 사이의 경계도 희미해져, 어디서부터 어디까지가 한 문장인지 쉽게 구별되지 않을 정도로 유연하게 이어지는 게 보통이다.

하지만 이처럼 이음새가 보이지 않는 문장을 계속 연결해 나가다 보면 필연적으로 문장이 매우 길어지게 되고, 그러한 문장을 성립시키기 위해서는 상당한 기교가 요구된다. 특히 일본어에는 두 문장을 부드럽게 연결해 주는 관계대명사와 같은 구조가 존재하지 않는다. 따라서 자연스럽게 문장이 짧아지기 쉬우며 억지로 길게 쓰려다 보면 '-하고'나 '-지만' 같은 접속어가 자주 사용되어 거슬리는 문장이 되어버리기 때문에 옛날부터 '-하고'가 많은 문장은 나쁜 문장이라 하기도 했다. 그렇다면 이런 이음새를 어떻게 하면 자연스럽게 숨길 수 있을까? 그 모범적인 사례로 이 책의 63쪽에서 인용한 『겐지 이야기』「스마」편의 문장을 들 수 있으므로 다시 한번 그 부분을 펼쳐 보기를 바란다. 그 문장은 "저 스마는"으로 시작되어 "정말 본의에 어긋날 것이로다"로 끝나는 듯하지만, 그다음 줄에 이어지는 "마음이 어지러우시다"까지를 포함하여 하나의 문장으로도 볼 수도 있다. 왜냐하면 "저 스마는"부터 이어지는 내용 모두 겐지의 마음속에서 느끼는 감정이고, "정말 본의에 어긋날 것이로다"라는 표현은 표면적을 끊기는 것 같지만, 실제로는 감정의 흐름이 멈춘 것이 아니기 때문이다. 더 나아가 "마음이 어지러우시다" 뒤에 이어지는 "온갖 일들" 역시 독립된 문장처럼 보일 수 있지만, 역시 그 감정의 흐름 속에 연속되어 있다. 이처럼 7줄로 이루어진 구절은 세 문장으로 읽을 수 있지만, 전체를 하나의 흐름, 하나의 문장으로 보는 것도 가능하다. 물론 이것은 단순히 감정이나 기분 문제만이 아니라 문장의 전환점에서 눈에 띄는 단어를 사용하지 않았기 때문이며, 더욱이 이 문장에는 '-하고'의 연결이 한 번도 등장하지 않는다.

지금 시험 삼아 이 원문을 유려한 어조를 잃지 않으면서 현대어로 번역하면 다음과 같다.

저 스마라는 곳은 예전에는 사람의 거처도 있었지만, 지금은 인가에서 멀리 떨어진 황량한 땅이 되어 어부의 집조차 드문드문 있을 뿐이라고 들었으나, 인가가 빼곡히 들어찬 번잡한 주거지도 마음에 들지 않는다. 그렇다고 교토를 멀리 떠나는 것도 어딘가 허전하게 느껴져 마음은 여러 갈래로 흔들리고 있다. 지나간 일이며 앞으로의 일을 생각하노라면 슬픔만이 가득할 따름이다.

이처럼 풀어써도 문장의 이음새는 드러나지 않으며 원문이 지닌 유려한 흐름은 그대로 살아 있다. 즉 현대 구어체 문장으로도 이처럼 긴 문장을 쓰는 것이 결코 불가능한 것은 아니다.

하지만 요즘 사람들은 어쨌든 이런 식으로 쓰지 않고 대체로 다음과 같이 쓴다.

저 스마라는 곳은 예전에는 사람의 거처도 있었지만, 지금은 인가에서 멀리 떨어진 황량한 땅이 되어 어부의 집조차 드물다는 이야기인데, 인가가 빼곡하게 들어선 번잡한 주거지도 마음에 들지 않았다. 그러나 겐지 님은 교토를 멀리 떠나는 것도 마음이 허전한 느낌이 들어 여러모로 마음이 흔들렸다. 그는 지나간 일과 앞으로의 일을 생각하자 슬플 뿐이었다.

이렇게 쓰면 문장의 이음새가 뚜렷해지고 전형적인 세 문장으로 나뉘게 된다.

나는 이러한 문장이 나쁜 문장이라고 말하려는 것이 아니다. 다만 오늘날에는 짧은 문장이 유행하다 보니 앞서 말한 방식으로 긴 문장을 무리 없이 쓸 수 있다는 사실, 그리고 일본어에는 관계대명사가 없다는 이유로 반드시 문장을 짧게 쪼개야만 한다고 생각해서는 안 된다는 점을 강조하고 싶은 것이다.

그렇다면 이 두 가지 방식의 차이는 무엇인가?

㉮ 경어를 생략했는가의 여부

㉯ 문장의 끝을 '-었다'로 딱 끊었는가

㉰ 두 번째와 세 번째 문장에 주어를 덧붙였는가

여기서 ㉮경어에 관한 문제는 뒤에서 다룰 예정이니 지금은 생략하고, ㉯와 ㉰가 문장의 어조에 어떻게 영향을 미치는지를 설명하겠다.

먼저 ㉯에 대하여 설명하자면 일본어는 중국어나 유럽 언어와 달리 문장의 끝을 형용사, 동사, 조동사로 맺는 것이 거의 일정하다. 드물게 명사로 끝나는 경우도 있지만, 대체로 위의 세 가지 품사 중에서도 특히 조동사의 사용 빈도가 높아 문장 말미의 음의 변화가 적은 편이다. 예전에는 문장의 끝을 '했다^{たりき}'로 마무리하는 것이 유행이었는데 이 '했다'는 완료와 과거를 함께 나타내는 고전 조동사 표현으로 이 조동사를 자주 썼던 어느 학자가 '했다 선생'이란 별명을 얻기도 했다는 이야기가 있는데 문어체에서는 이러한 표현들이 일정한 변화를 주기도 하지만, 구어체에서는 반대로 단조롭게 들리기 쉽다. 대부분의 문장이 '이다^{だ}', '었다^{た}', 혹은 '다^{だ}'로 끝나는 구조이기 때문이다. 물론 '일 테지^{あろう}', '하지^{しよう}'와 같이 '지^{う}'로 끝나는 경우, '간다^{行く}', '쉰다^{休む}', '지운다^{消す}'의 현재형이나 '많다^{多い}', '적다^{少い}', '좋다^{良い}', '나쁘다^{悪い}'처럼 형용사의 '다^{い}'로 마무리되는 경우도 있으나, 이조차도 '가는 것이다^{行くのである}', '쉬는 것이었다^{休むので}

あった, '많은 것이다多いのだ'처럼 '것이다のである', '것이었다のであった', '거다のだ'의 보조적인 구문이 덧붙여지면서 결국은 '이다'나 '었다'로 끝나는 패턴을 형성하게 된다. 이처럼 문장 끝이 일정한 음으로 반복되면 문장의 종결부가 유난히 강조되어 연결부의 흐름이 뚝뚝 끊긴다. 특히 '것이다'나 '었다'로 끝나는 표현은 더욱 눈에 띈다. '것이다'는 끝맺음을 표시하기 위해 특별히 덧붙여진 무거운 표현이고, '었다'라는 음은 어조에 강한 울림을 남기기 때문에 더욱 눈에 띈다. 이 때문에 자연스럽고 유려한 문장을 구사하고 싶다면 되도록 '것이다'나 '것이었다'와 같은 불필요한 종결 표현을 덧붙이지 않는 편이 좋다. '었다'로 끝맺는 것을 피해 되도록 현재형으로 문장을 마무리하는 것이 권장된다. 특히 나는 개인적으로 '것이다'는 비교적 부드럽게 들리는 데 반해, '었다'로 끝나는 문장은 그 울림이 도드라져 어조의 연속성을 해치기 쉽다고 느낀다.

㉰의 주어의 처리 방식에 대해서는 이미 이 책의 76쪽에서 언급했지만, 일본어에서는 영어 문법처럼 명확히 드러나는 주어의 개념이 존재하지 않는다. 불필요한 주어를 생략하는 것이 일본어 문장의 자연스러운 특징이며, 이것이야말로 문장의 흐름을 부드럽고 유려하게 만드는 핵심적인 기법 중 하나로, 이를 가장 잘 보여주는 사례가 82쪽에서 인용된 『우게쓰 이야기』의 도입부다. "오우사카의 관문을 지나 통행

허가를 받은 뒤로"에서 시작해 "잠시 발길을 멈춘다"에 이르기까지 이 문장에는 주어가 명시되어 있지 않다. 그다음 문장인 "그 여정의 고단함을 잊고, 마음을 닦고자 머무를 만한 암자가 있었다" 역시 영어 문법의 기준으로 보면 불완전한 문장으로 보일 수 있지만, 일본어에서는 그 흐름 속에서 자연스럽게 의미가 전달된다. 이를 현대어로 번역할 때 "그가 발길을 멈춘 곳에는"이라는 주어를 보태면 문법적으로는 완전해지겠지만, 고전의 원문이 지닌 자연스러운 리듬과 유려한 흐름은 크게 손상된다. "마침내 사누키의 미오자카 숲에 다다라 잠시 발길을 멈춘다"라는 문장과, 뒤따르는 "그 여정의 고단함을 잊고"라는 서술이 주어 없이도 매끄럽게 이어질 수 있는 이유가 바로 여기에 있다. 이처럼 독자는 굳이 "그가 발길을 멈춘 곳에는"이라는 식으로 주어를 명시하지 않더라도 문맥과 흐름을 통해 충분히 파악할 수 있고, 주어를 억지로 삽입하면 문법상의 형식만 맞출 뿐이다. 그렇다면 '문법에 얽매이지 말라'는 말은 바로 이런 상황을 염두에 두고 한 것으로 『겐지 이야기』나 『우게쓰 이야기』와 같은 문장에서는 그러한 주어의 생략을 통해 **결국 전체 문장이 단절 없이 하나의 유려한 흐름을 이루고 있다는 것을** 알 수 있다. 만약 이러한 문장을 서구식 문법 기준에 따라 억지로 몇 개의 문장으로 나누려 한다면, 그에 따라 여러 개의 주어를 보충해야 하지만, 일본어 문장에서는 그렇게 인위적인 형식적 보완이 필요하지 않다. 『겐지 이야기』에서는 겐지 님, 『우게쓰 이야기』에서는 사이교 법사가 사실상의 주인공으로 자연스럽게 상정되어 있으며, 따로 주어를 명확히 드러내지 않아도 전혀 불편함이 없다.

이상으로 유려한 어조에 대해 기교적인 측면에서 대략적인 설명을 마쳤다. 그러나 솔직히 말해 이런 설명이 실제로 큰 도움이 될 거라고 기대하지 않는다. 앞서 말한 바와 같이 이 어조는 본질적으로 타고난 체질에 좌우되는 것이며, 기교는 어디까지나 부차적인 요소에 지나지 않기 때문이다. 만약 여러분이 모든 기교를 완벽히 익혔어도, 선천적으로 이러한 어조에 어울리는 체질을 지니지 않았다면 결코 글 속에서 자연스럽고 매끄러운 흐름을 구현해 낼 수는 없다. 겉으로 보기에는 마치 유려한 문장처럼 보일지 몰라도 그것이 단지 손끝으로 모방한 결과일 뿐이라면, 글 전체가 어딘가 맥이 빠지고 생명력이 느껴지지 않는다는 인상을 줄 것이다. 반대로 이러한 체질을 타고난 사람은 애초에 쓰고지 하는 내용이 일종의 리듬을 타고 자연스럽게 머릿속에 떠오르기 때문에, 기교적인 요소를 크게 신경 쓰지 않으며 때로는 거칠거나 운율이 나쁜 단어를 사용했음에도 이상하게도 그것이 전혀 귀에 거슬리지 않고 보다 자연스럽고 매끈한 리듬감으로 읽힌다. 이 경우 독자는 그 글에서 말로 설명할 수 없는 생리적인 쾌감마저 느끼게 된다.

현재 활동 중인 작가 중에서는 이즈미 쿄카, 사토미 돈, 우노 고지, 사토 하루오 등이 대체로 이러한 어조에 가까운 문체를 구사한다고 생각되며 이들의 작품을 읽어보면 내가 말한 '어조'라는 것이 무엇을 의미하는지 보다 분명히 체감할 수 있을 것이다. 사실 예전에는 글을 평가할 때 '유창하다'거나 '유려하다'라는 표현을 자주 썼을 정도로 글이 자연스럽게 읽히는 것이 좋은 문장의 중요한 조건 중 하나였다. 그러나 요즘은 명료하고 선명한 표현을 중시하는 경향이 강해지면서 이런 어조는 다소 시대에 뒤떨어진 느낌을 준다는 평가를 받기도 한다. 그럼에도 불구하고 나는 이 유려한 어조야말로 일본어 문장이 가진 고유한 특징을 가장 잘 발휘할 수 있는 문체라 믿으며 가능하다면 이 어조가 다시금 활기를 되찾기를 바라고 있다.

2. 간결한 어조

이 어조는 모든 면에서 '유려한 어조'와 정반대의 특징을 지닌다. 이러한 어조로 글을 쓰는 사람은 단어 하나하나가 또렷하게 떠오르기를 바란다. 따라서 문장의 단락마다 마치 한 걸음 한 걸음 힘차게 내디디듯 분명하고 확고하게 구분하여 쓴다. 그 결과 문장은 유려한 맛은 없지만, 일정한 박자가 반복되면서 단단하고 강건한 리듬이 생긴다. 만약 '유려한 어조'가 『겐지 이야기』 유형의 문장, 곧 일본어다운 문체를 대표한다면, 이 어조는 반대편에 있는 '비#겐지 이야기파'이며, 한문 어조에 가까운 문체라고 할 수 있다. 그 리듬의 아름다움 또한 한문 특유의 운율과 통하는 부분이 있다.

다행히도 이 어조의 전형으로 시가 나오야의 작품이라는 훌륭한 본보기가 있으므로, 이를 반복해 감상하는 것이 이 어조를 익히는 가장 빠른 길이다. 특히 시가 나오야의 문장에서 주목할 점은 그 글은 이상하리만큼 활자 자체가 또렷하게 보인다는 사실이다. 물론 그의 작품이라고 해서 특별한 활자를 사용하는 것은 아니다. 단행본이든 잡지든 보통의 활자로 인쇄되어 있다. 그런데도 시가 나오야의 문장을 읽다 보면 마치 그 부분의 활자가 더 크고, 배경은 더 하얗고 글자가 눈에 확 들어오는 듯한 느낌을 받게 된다. 이러한 인상을 주는 이유는 작가가 단어의 선택과 배열에 극도로 세심한 주의를 기울였기 때문이다. 한 글자 한 글자에 작가의 의도가 담겨 있어 그 결과 무생물인 활자조차도 마치 정성스럽게 놀러쓴 붓글씨처럼 생명력을 갖고 독자에게 전달된다.

이러한 수준에 도달한 문장은 결코 흔치 않다. 대부분의 글은 인쇄되어도 활자가 붕 떠 보이거나, 조금만 방심하면 활자가 금방이라도 움직일 듯 흐트러진 인상을 주지만 시가 나오야의 문장은 단단히 뿌리내린 듯 견고하며 깊은 울림을 준다. 그렇다고 해서 그는 독자의 눈길을 끌려고 일부러 어려운 단어를 선택하거나 보기 힘든 한자를 사용하는 것도 아니다. 시가 나오야는 화려한 표현이나 난해한 어휘를 배제하는 작가로 그의 어휘는 소박하고 절제되어 있다. 하지만 바로 그 절제 속에서 시가 나오야의 문장은 빛나는데 그는 서술을 가능한 정제하고 단어 수를 줄이며 일반적인 글이 10행, 20행에 걸쳐 설명할 내용을 5행, 6행으로 압축해 낸다. 형용사 역시 가장 단순하고 가장 이해하기 쉬우며 그 상황에 가장 알맞은 단어 하나만을 골라낸다. 그렇게 해서 완성된 문장은 한 글자 한 글자에 무게가 실리고 같은 활자임에도 두세 배의 밀도를 지닌 듯한 인상을 남긴다.

물론 이러한 문장은 말하듯 쉽게 쓸 수 있는 것이 아니다. 연습 방법으로는 먼저 가능한 한 압축된 문장을 써보는 것이 좋다. 하지만 처음부터 완벽한 문장이 나오는 경우는 없어 스스로 다시 읽어보면 불필요한 표현이 눈에 띌 것이다. 그 부분을 잘라내고, 다시 읽고, 또 잘라내고, 다시 읽는 과정을 반복해 더 이상 줄일 수 없을 때까지 다듬어야 한다. 때로는 문장의 구조나 단어의 순서를 고쳐야 하고 아예 다른 단어로 바꿔야 할 수도 있다. 이 책 23쪽에 인용된 『기노사키에서』의 마지막 부분에 나오는 문장이 그 좋은 예가 될 것이다.

다른 벌들이 모두 벌집으로 들어가버린 황혼 무렵, 차가운 기와 위에 홀로 남겨진 죽은 벌을 보는 것은 참 쓸쓸했다.

초보자는 이처럼 문장을 팽팽하게 당겨쓰기가 쉽지 않다. 가령 다음과 같은 문장이 되기 쉽다.

해가 지자 다른 벌들은 모두 벌집으로 들어가버리고, 그 죽은 벌만 차가운 기와 위에 혼자 남아 있었는데 그것을 보니 쓸쓸했다.

이 문장을 가능한 한 압축하고 다듬어 더 이상 줄일 수 없을 때 비로소 시가 나오야의 문장과 같은 간결하고 정제된 문장이 완성되는 것이다.

『기노사키에서』를 보면 알 수 있듯이 간결한 어조를 지닌 문장은 대개 문장의 경계를 뚜렷하게 하고 리듬감을 살리기 위해 '었다'로 끝나는 문장을 사용하는 경향이 있다. 다만 경우에 따라 문장을 현재형으로 마무리함으로써 글의 인상을 더욱 단단하게 만드는 효과도 있다. 그러나 '것이다'나 '것이었다'—특히 '것이다'는 어조를 느슨하게 만들기 쉬우므로 되도록 피하는 것이 좋다.

또 다음과 같은 방식으로 문장을 구성하는 경우도 자주 보인다.

그것은 사흘 동안 그대로 있었다. 그것은 보고 있으니 너무나도 조용한 느낌을 주었다. 쓸쓸했다. …그러나 그것은 너무나도 조용했다.

이처럼 문장 서두에 '그것은'과 같은 표현을 반복하여 배치함으로써 문장을 강조하는 방식이다.

어떤 독자는 이를 두고 '그것은'이라는 표현이 영어 문법에서 주어 역할을 하는 것과 유사하다는 이유로 이런 문장을 영어식 문장이라 생각할 수도 있다. 하지만 작가가 문법에 얽매여 불필요한 말을 쓴 것이 아니라, '쓸쓸했다'처럼 단독으로 독립된 짧은 문장을 배치해(25쪽 참고) 문장 전체에 어조의 리듬과 정서를 불어넣기 위한 전략적 반복이라고 봐야 한다. 다시 말해 '그것은'이라는 표현은 단순한 문법적 기능이 아니라, 내가 48쪽에서 설명했듯이 문장의 울림을 강조하기 위한 장치로 '-었다'로 끝나는 단문들과 함께 문장의 박자와 밀도를 형성한다. 진정한 간결함이란 단지 짧은 문장을 나열하는 것이 아니라, 각 문장이 그 자체로 열 배, 스무 배로 확장 가능한 밀도와 함축을 지니고 있어야 한다. 단어 하나에도 힘이 있고, 한 줄 안에 여운이 가득해야 한다. 만약 내실 없이 문장을 마구 잘라내 '-었다'로 끝맺는 구조만을 흉내 낸다면 문장은 단지 리듬만 남고, 그 속은 비게 된다. 그런 문장은 중후한 걸음걸음이 아니라 가볍고 부산하게 깡충깡충 뛰는 발소리처럼 들려 경박한 인상을 줄 수도 있다. 그러므로 이 어조의 문체에서는 '유려한 어조'보다도 더 강하게, 동양적인 과묵함과 간결함이 요구된다. 어떤 경우에도 서양식의 수다스러움은 피해야 한다. 시가 나오야의 작품을 보면 사물을 섬세하게 바라보는 감각과 서양 사상의 영향이 엿보이지만 그의 글쓰기 방식은 분명히 동양적이다. 한문 문체가 지닌 견고함과 두터움 그리고 충실함을 그대로 구어체로 옮겨냈다고 해도 과언이 아니다.

3. 냉정한 어조

문장의 리듬에 나타나는 작가의 기질을 크게 구분해보면, 겐지 이야기파, 즉 유려파流麗派와 비非겐지 이야기파, 즉 간결파簡潔派로 나눌 수 있다. 세부적으로는 더 여러 갈래로 나눌 수 있겠지만, 기본적으로 이 두 흐름을 벗어나지는 않는다. 그러나 이외에도 또 하나 주목할 만한 유형은 냉정한 어조의 문장이다.

이는 다르게 말하면 **어조가 없는 문장**이라고도 할 수 있다. 일반적으로 우리가 읽는 문장에는 유려하거나 간결하거나, 그 외에도 좋든 나쁘든 간에 무언가 단어의 흐름이 느껴지는 법이다. 하지만 때로는 그런 흐름조차 없는 정지된 듯한 문장을 쓰는 이들도 있다. 외형적으로는 유려파에 가까워 보이기도 하고, 간결파처럼 보이기도 해서 초보자에게는 다소 혼란스러울 수 있다. 그러나 조금만 주의 깊게 읽어보면 유려한 흐름이나 감정의 진동이 거의 느껴지지 않는다는 점을 금세 구별할 수 있다. 이러한 문장은 마치 그림 속 계곡에 그려진 시냇물과 같은 것으로 흐르는 형상을 갖추고 있지만 실제로 멈춰 있는 것이다. 그렇다고 유려함이 없다고 해서 무조건 나쁜 문장은 아니다. **흐름이 정체된 명문도 존재한다.** 그중에서 특히 뛰어난 문장은 고요한 연못처럼 맑고 투명하여 거울 같은 수면 위에 사물들이 또렷하게 반사되는 느낌을 준다. 이렇게 쓰인 글은 독자에게 명료한 인상을 주며, 글의 내용을 명확히 이해하게 하며 심지어는 독자의 사고까지도 정리되는 듯한 인상을 남긴다.

이런 냉정한 어조를 쓰는 사람들은 대개 학자 기질을 가진 경우가 많다. 옛날 의고문이 유행하던 시기에 국학자들이 일본어 문장을 쓰면 자주 이러한 느낌의 문장이 탄생하곤 했다. 학자들은 문법이나 어휘, 수사적 기교에 해박하여 유려한 문장이든 간결한 문장이든 필요에 따라 자유롭게 구사할 수 있다. 외형적으로는 문체가 정돈되어 있고 흠잡을 데가 없어 보이지만 실제로 읽어보면 유려한 흐름이 없다. 전체적으로 문장의 리듬이 죽어 있어, 마치 그림에 그린 계곡의 시냇물 같다. 이런 경우는 나쁜 예인데 반면 좋은 예는 고요한 연못처럼 맑고 침착한 명문을 쓰는 사람도 학자들 사이에 많다. 그도 그럴 것이 학자들은 열정보다는 냉정과 균형을 중시하고 대상을 객관적으로 바라보며 명료한 사고로 정리하려는 경향이 강해 자연스럽게 그들의 문체도 이와 같은 성향을 띠게 되는데 결국 체질의 문제인 것이다.

어느 책에서 읽은 바에 따르면 독일의 철학자 칸트의 문장은 건조한 광채를 띤다고 한다. 아마도 이 '냉정한 어조'가 주는 인상을 두고 한 말일 것이다. 아니, 어쩌면 칸트뿐만 아니라 위대한 철학자의 글이라면 본질적으로 그래야만 하는지도 모른다. 이처럼 냉정한 어조로 쓰인 뛰어난 문장은 전쟁이나 폭발, 화산 분출, 지진과 같은 극적인 장면조차도 고요하고 정지된 상태로 표현해낸다. 그 어떤 동적 장면이든 혼란과 소음을 제거하고 질서정연하고 조각 같은 정적 장면으로 바꿔낸다. 예술가라 해도 학자 기질의 사람이라면 이러한 경향이 나타나기 마련이다. 예를 들어 나쓰메 소세키가 『양허집漢虛集』을 쓰던 시기의 『해로행雅露行』 『런던탑』 등은 그 표본이라 할 수 있다. 또한 모리 오가이에 대해서는 내가 앞에서 비非겐지 이야기파로 분류했는데 단순히 간결파로 보기 어렵다. 냉정한 어조의 유형에 속하는 작가라고 보는 편이 더 정확할 것이다. 90쪽에 인용된 『즉흥시인』의 구절만 보더라도 그 느낌을 확인할 수 있으며, 『아베 일족』 『다카세부네』 『산쇼다유』 『기러기』 등의 소설을 읽어보면 그 특징은 더욱 분명하게 드러난다.

이로써 어조에 대한 분류를 대략 마쳤지만 여기서 하나 덧붙이면 '유려한 어조'에서 파생된 '표일한 어조'가 있다.

4. 표일한 어조

이러한 문장의 어조는 미나카타 구마구스南方熊楠의 수필이나 미야케 세쓰레이三宅雪嶺의 논문에서 가장 가까운 예를 찾아볼 수 있다. 소설가 중에서는 확실히 이 유형이라 단정할 만한 이가 딱 떠오르지는 않지만, 무샤노코지 사네아쓰武者小路実篤의 어느 시기의 작품들 그리고 사토 하루오의 『작은 요정 이야기』 등에서 약간 이와 비슷한 취향이 엿보인다.

표일한 어조는 유려한 리듬이 변형된 형태로 말 그대로 표표하며 잡히지 않는 특성이 있다. 그렇기에 기교적인 설명이 거의 불가능하다. 그보다는 무엇보다 욕심이 없어야 한다는 점이 중요하다. 좋은 문장을 써야겠다는 야심은 물론 세상을 바로잡겠다는 의욕이나 사회의 악습을 개혁하겠다는 마음조차 버려야 한다. 결국 긴장하거나 힘을 주거나, 지나치게 의욕을 보이는 태도는 금물이다. 어떤 기백도 없이 그저 편안하게 대강대강 써 내려가는 듯한 태도, 마치 도인의 마음가짐으로 글을 쓸 때 비로소 이 어조는 자연스럽게 드러난다. 그렇기 때문에 이 어조는 누군가에게 가르칠 수도 없고 배우는 것도 불가능하다. 다만 이 경지에 도달하면 어떤 방식으로 쓰든 자연스럽게 그 리듬이 스며 나오게 된다. 혹시 이 경지를 좇고 싶다면 글쓰기 연습보다는 차라리 선(禪)을 수행해보는 편이 더 빠를지도 모른다.

그리고 바로 이러한 어조야말로 동양인이 지닌 특유의 감각이 가장 잘 드러나는 문체라 할 수 있으며, 서양 문호 가운데 이와 같은 풍격을 갖춘 사람은 거의 없다고 해도 과언이 아니다.

또한 '간결한 어조'의 변형으로 다음과 같은 유형이 있다.

5. 투박한 어조

이 유형의 문장은 얼핏 보면 나쁜 문장, 즉 악문처럼 느껴진다. 실제로 어느 정도 악문이라 할 수 있지만 일반적인 의미의 나쁜 문장과는 다르다. 이 유형에 속하는 작가는 유려한 어조나 간결한 어조를 의도적으로 피하고, 일부러 울퉁불퉁하고 걷기 불편한 비포장도로와 같은 문장을 쓴다. 이는 문장의 리듬이나 음악성을 이해하지 못해서가 아니라, 어떤 목적을 갖고 의도적으로 읽기 어렵게 쓰는 것이다. 그 이유는 문장이 너무 매끄럽게 흘러가면 독자는 그 리듬에 이끌려 단숨에 읽어 내려가며 각 단어나 문장의 의미에 주의를 기울이지 않게 되기 때문이다. 마치 작은 배를 타고 잔잔한 강물을 따라 미끄러지듯 내려오면 그 여정 자체는 쾌적하겠지만 양옆의 경치나 산, 숲, 나무, 언덕, 마을, 전원 등은 눈에 들어오지 않고 훗날 아무것도 기억나지 않게 되는 것과 같다. 7·5조 문장은 이러한 부작용을 가장 잘 보여주는 예이다. 바킨^{馬琴} 소설의 경우, 리듬은 유려하지만 내용은 공허하게 느껴질 때가 많다. 조루리^{淨瑠璃} 작가인 지카마쓰 몬자에몬^{近松門左衛門}도 『나니와 미야게^{難波土産}』에서 7·5조가 지나치게 매끄러우므로 지양해야 한다고 언급한 바 있다. 간결한 어조를 쓰는 작가는 이러한 연유로 유려한 문장을 꺼리는 것이며, 투박한 어조의 작가는 간결한 문체조차도 여전히 너무 유창하다고 느낀다. 물론 유려한 어조의 문장과 비교하면 간결한 어조의 문장은 그리 술술 읽히는 것이 아니다. 요소요소에서 흐름을 막고 여행자의 인상에 양쪽 강가의 경치를 분명히 남게 한다. 그러나 그럼에도 불구하고 흐름 그 자체에 쾌감이 있다. 유려하지는 않지만 일정 부분에 거리를 두어 쫙 물살이 바위에 부딪쳐 여행자는 그 물살의 상쾌함에 황홀해져 어쩌다 보면 육지의 경치를 소홀히 하게 된다. 그래서 투박한 어조의 작가는 육지의 경치를 더 잘 보게 하려고 흐름 그 자체에서 오는 쾌감을 애초에 차단하는 것이다.

따라서 이 유형의 사람들은 문장의 리듬을 의도적으로 불쾌하고 불친절하게 만든다. 이제야 조금 읽히나 싶으면 곧바로 어긋나고, 이쪽으로 부딪치고 저쪽으로 휘어진다. 독자는 돌을 밟고, 웅덩이에 빠지고, 나무뿌리에 걸려 넘어진다. 하지만 바로 그런 돌출된 요소들이 글의 흐름을 끊기 때문에 웅덩이나 돌, 나무, 뿌리 등이 독자에게는 인상 깊은 이미지로 남게 된다. 따라서 이 어조도 '냉정한 어조'처럼 리듬이 없는 게 아니다. 애초에 리듬에 민감하기 때문에 오히려 리듬을 죽이고 있는 것이며, 그로 인해 '투박한 어조'라 불려 무뚝뚝하면서도 맛깔스러운 어조가 나타나는 것이다. 이를 표현하기 위해 단순히 음률적 요소를 거칠게 만드는 것만으로는 부족하다. 여기엔 시각적인 장치도 동원된다. 예컨대 일부러 가타카나를 사용하거나 변칙적인 아테지*를 삽입하고, 가나의 표기를 교묘히 바꿔 글자 모양을 복잡하게 만든다. 그래서 얼핏 보면 서툰 사람의 졸문처럼 보일 수 있으나, 잘 준비된 이른바 의도된 **악문만의 매력**으로 독자를 끌어당긴다.

  이러한 글쓰기는 마치 예리한 조각도로 장인의 손길처럼 정밀하게 조각하듯 기교적인 작업이라고 생각할 수도 있겠지만 실은 타고난 재실에서 비롯된 것이며, 당사자는 애써 기교를 의식하지 않고 자연스럽게 써 내려간다. 그래서 나 같은 사람이 일부러 어조를 틀어 보려 해도 어정쩡하고 위

---

*   当て字. 한자 본래의 의미와 상관없이 발음만을 빌려 쓰는 일본어 표기법. 외래어나 일본 고유어를 한자로 표기하거나 특별한 의미를 강조할 때 사용한다. 예를 들어 '커피(コーヒー)'는 '珈琲', '클럽(クラブ)'은 '倶樂部' 등이 있다.

축된 글이 되어 악문으로서의 생명력조차 얻기 어렵다. 오늘날 천부적으로 투박한 어조의 유형에 속하는 사람은 다키이 고사쿠* 한 사람뿐일 것이다.

이제 이 이상의 분류는 불필요하다고 생각되므로 어조의 분류를 마무리하고자 한다. 물론 모든 작가가 이 다섯 가지 유형 중 하나에 명확히 속하는 것은 아니다. 체질은 선천적일 수도 있으나 환경이나 나이, 건강 상태 등에 따라 얼마든지 변할 수 있다. 젊은 시절에는 유려한 어조를 즐겼다가 나이가 들며 간결한 어조로 바뀌는 사람도 있고 그 반대인 사람도 있다. 또한 대부분의 작가는 특정 유형 하나로 단정하기 어렵고 복합적인 성향을 갖고 있다. 예컨대 유려한 어조가 3, 간결한 어조가 7 정도의 비율로 섞이거나, 냉정한 어조 5에 간결한 어조 5 정도로 균형을 이루기도 한다. 고다 로한幸田露伴은 모리 오가이 못지않은 학자이지만, 그의 문장은 냉정하지 않고 열정적이며 유려함과 간결함을 겸비하고 있다.

결국 순수한 스타일은 그 청정함, 혼합된 스타일은 그 다채로운 변화를 강점으로 가지므로 어느 쪽이 더 우월하다고 단정할 수는 없다. 내가 괴테의 작품을 독일어 원문으로 직

---

*   瀧井孝作(1894-1984). 일본 소설가. 신문기자와 잡지 편집자를 거쳐 작가가 되었으며, 1927년 『무한포옹』이 순수연애소설로 주목을 받았다. 개인적 체험을 소재로 한 작품들을 주로 발표했고 장식을 배제한 소박하고 거친 문체가 특징이다.

접 읽어본 적은 없지만, 영어 및 일본어 번역을 통해 받은 인상을 말하자면, 그 문장은 어떤 때는 유려하게, 어떤 때는 간결하게 또 어떤 때는 냉정하게 느껴지며, 그 세 가지 어조의 장점을 완벽하게 갖추고 있는 것처럼 보였다. 이와 같은 경우야말로 진정한 명문으로 그의 다채로운 천재성이 빚어낸 뛰어난 사례라고 할 수 있다.

문체에 대하여

문체란, 한편으로 문장의 형태나 모습을 가리킨다고 할 수 있지만, 사실 나는 이미 앞에서 '어조'에 대해 말하면서 이 주제를 거의 다 다루었다. 왜냐하면 어조와 문체는 서로 다른 관점에서 같은 대상을 바라본 것에 지나지 않으며, 본질적으로 큰 차이가 없기 때문이다. 문장 쓰기를 말의 흐름으로 보고 그 흐름에서 느껴지는 인상을 논하면 '어조'라 부르고, 그 흐름을 하나의 정지된 상태로 보았을 때에는 문체라 할 수 있다. 그렇기에 '유려한 어조'를 '유려한 문체', '간결한 어조'를 '간결한 문체', '냉정한 어조'를 '냉정한 문체'라고 부를 수도 있는 것이다.

그러나 사물을 측정하는 데에는 여러 가지 기준이 있을 수 있다. 한 폭의 천을 잴 때에도 고래 자鯨尺*로 잴 수도 있고, 미터법으로 잴 수도 있다. 문체를 나누는 데도 '어조'를 기준으로 삼을 수도 있지만, 글의 양식을 기준 삼아 문장체, 구어체, 또는 고유 일본어 문체, 화한혼교체^{和漢混交體} 등으로 구분할 수도 있다. 지금까지 '문체'라고 하면 보통 이 양식상의 구분을 의미해 왔다.

이러한 분류법대로라면 현재 일반적으로 쓰이는 문체는 오직 하나, 곧 구어체뿐이다. 메이지 시대 중엽까지는 구어체에 문장체를 가미한 아속절충체^{雅俗折衷體}가 소설 문장에 쓰인 적도 있었으나 지금은 이미 자취를 감추었다.

이제 굳이 구어체를 세분화해 본다면 다음 네 가지로 나눌 수 있겠다.

강의체^{講義體}

병어체^{兵語體}

구상체^{口上體}

회화체^{會話體}

오늘날 우리가 쓰는 문체를 흔히 구어체 또는 언문일치체 ^{言文一致體}라고 부른다. 그러나 엄밀히 말하자면 우리가 실제 구어를 문자로 고스란히 옮긴 형태와 꽤 차이가 있다. 문장체

---

* 일본 전통 길이 단위로 주로 기모노 원단을 재는 데 사용된다. 약 37.9cm에 해당하며, 긴 길이를 상징하기 위해 '고래(鯨)'라는 한자가 들어갔다는 설이 있다.

에 비하면 훨씬 구어에 가깝기는 하지만, 여전히 실제 구어와 어느 정도 거리가 있어 결국 독자적인 문장체로 간주해도 무방하다. 그래서 나는 실제 구어와의 거리감을 기준으로 삼아 네 가지 유형으로 분류해 본 것이다. 다만 명칭은 나의 임시적 구분일 뿐 가장 적절한 이름이라 주장하기는 어려우나 현재로서는 이보다 나은 명칭이 떠오르지 않아 우선 이렇게 부르기로 한 것이다.

1. 강의체

이 문체는 실제 구어와 가장 거리가 멀고, 그만큼 문장체에 가장 가까운 문체라 할 수 있다. 예를 들어

그는 매일 학교에 다닌다.

라는 문장을 구어문으로 바꿔 쓴다고 할 때 강의체를 적용하면 현재형의 단순한 문장은 다음처럼 문장체와 완전히 동일하게 된다.

그는 매일 학교에 다닌다.

다음으로 과거형 문장

그는 매일 학교에 다니었도다.

를 구어문으로 바꾸면 다음과 같은 형태가 된다.

그는 매일 학교에 다녔다.

미래형 문장

그는 매일 학교에 다니게 되리라.

이것도 구어문으로는

그는 매일 학교에 다니게 될 것이다.

로 바꿀 수 있다. 또한

그는 현명히도다.
그는 현명하였노라.

같은 형용사형 문장도 각각 아래처럼 바뀐다.

그는 현명하다.

그는 현명하였다.

이것이 강의체 중 가장 간단한 형태이지만, 실제 글에서 문장 끝을 강조하기 위해 '인 것이다'나 '인 것이었다' '인 거다' '였다' 같은 표현을 덧붙이는 일이 많다.

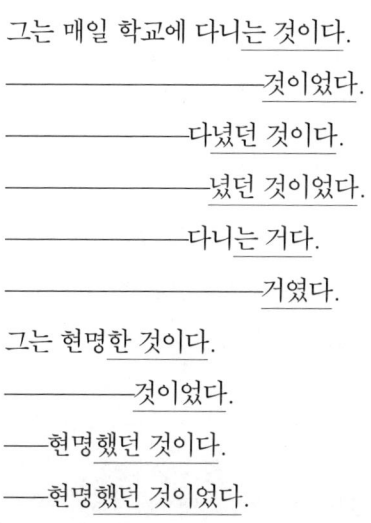

그는 매일 학교에 다니는 것이다.
─────────────것이었다.
─────────다녔던 것이다.
─────────녔던 것이었다.
─────────다니는 거다.
─────────────거였다.
그는 현명한 것이다.
────────것이었다.
──현명했던 것이다.
──현명했던 것이었다.

우리는 일상생활에서 개인을 상대할 때 이런 표현을 잘 쓰지 않는다. 하지만 다수의 청중 앞에서 강연이나 연설을 할 때, 특히 교사가 교단에 올라 강의할 때는 이와 같은 문체를 사용하는 것이 일반적이며 어느 정도 격식 차린 느낌을 준다.

본래 문장이란 1 대 1 대화보다 대중을 상대로 하는 경우가 많으므로 강의체를 사용하는 것이 자연스럽다. 오늘날 쓰이는 구어문은 대부분 이 강의체에 속한다고 볼 수 있으며, 어떤 의미에서 강의체야말로 현대문이라고 해도 과언이 아니다. 오자키 고요尾崎紅葉와 고다 로한이 활약하던 시기 이후 메이지 시대와 다이쇼 시대의 문호들이 집필한 산문은 거의 모두 이 강의체로 쓰였다.

2. 병어체

병어체는 '이다'나 '이었다' 대신 '입니다'와 '이었습니다' 같은 표현을 사용하는 문체다. 가장 단순한 형태는 다음과 같다.

그는 학교에 다닙니다.
―――――다녔습니다.
그는 현명합니다.

또한 강의체에서 쓰이는 '것이다'나 '것이었다'를 그대로 '입니다'와 '이었습니다'로 바꾸어 아래와 같이 표현할 수도 있다.
다니는 것입니다.

다녔던 것이었습니다.
현명한 것이었습니다.

이 표현은 군대에서 병사가 상관에게 보고할 때 사용되는 격식 차린 느낌은 있으나 예의를 갖춘 정중한 마음이 담겨있다. 그래서 강의체보다 부드럽고 친근한 인상을 주며 널리 사용되지 않지만 여전히 실용적으로 쓰이고 있고 대표적으로 나카자토 가이잔中里介山의 『대보살 고개大菩薩峠』가 이 문체에 속한다고 할 수 있다.

3. 구상체

구상체는 '입니다'나 '이었습니다'보다 더 정중한 표현인 '있사옵니다'와 '이었사옵니다'를 사용하는 문체로, 병어체보다 한층 더 정중한 표현이다.
이는 주로 도시 사람들이 격식을 갖춘 자리에 모였을 때 공손하게 인사를 하거나 말할 때 지금도 자주 사용되는 표현이다. 그래서 필요 이상으로 예의를 갖추어야 한다고 여기는 사람들은 강의체의 문장 끝에 '있사옵니다'를 덧붙이기도 한다.

다니고 있사옵니다.

다녔던 <u>것이었사옵니다</u>.

이것만으로도 충분하지 않다고 생각하는 사람들은 병어체까지 덧붙여 아래와 같이 쓴다.

다니시<u>옵나이다</u>.
다니시었사<u>오셨나이다</u>.

심지어 '있사옵기에 있사옵니다^{ございますのでございます}' 같은 극단적인 표현도 등장한다. 하지만 이 표현은 지나치게 장황하고 길어지므로 구보타 만타로가 한 번 사용한 적이 있다고는 해도 상당히 특이한 작가가 아니면 잘 쓰이지 않는다.

그러나 장황함이 오직 구상체만의 문제인 것은 아니라 강의체와 병어체 역시 어느 정도 이 문제를 갖고 있다. 왜냐하면 '있다'나 '이었다'로 간단히 끝낼 수 있는 부분을 '있는 것이다' '있는 것이었다' '있었던 것이었다' '있는 것이었습니다' '있었던 것입니다' 등 길게 쓰는 습관이 생기다 보면 그런 방식으로 쓰지 않으면 불안한 느낌이 들어 결국 글 전체가 장황해지기 쉽기 때문이다.

게다가 이 세 가지 문체는 문장의 끝에 '다^ㅎ' '이었다^ㅎ' '이다^ㅎ' '다^ㅎ'와 같은 소리가 반복되는 경우가 많아 적절히 쓰기에 좋지만, 문장체에 비하면 형태가 너무 정형화되어 있어 표현의 변주가 부족하다는 단점도 있다. 이러한 정형적이고 장황한 표현을 벗어나 차라리 실제로 말하는 대로 자유롭게 글을 쓰자는 흐름에서 출발한 것이 바로 '회화체'다.

4. 회화체

회화체야말로 진정한 **구어문**口語文이라고 할 수 있다.

실제로 우리가 일상적으로 말을 할 때 문장 끝에 매우 다양한 음의 변화가 나타난다. 예를 들어, "그는 매일 학교에 다닌다"라고 딱 잘라 말하지 않는다. '다니고 있지' '다니는 거야' '다니지요' '다니고 있어서 말이야'와 같이 다양한 어미가 뒤에 붙는다. 또 여성의 경우라면, '다녀요' '다닌다니까요' '다닙니다만요' '다니는 거예요' 등의 표현이 자연스럽게 사용된다. 이러한 '지' '야' '요' '말이야' '요' '까요' '만요' '예요' 등의 어미는 단순히 의미 없이 덧붙여진 것이 아니다. 강조하거나 부드럽게 하거나 혹은 비꼼이나 풍자, 애교, 반어 등 직접 표현하기 어려운 미묘한 감정을 담는 기능을 한다. 앞에서도 언급했듯이 말에는 음성, 말투의 템포, 눈빛, 표정, 몸짓, 손짓 등이 동반되지만, 문장에는 그런 비언어적 요소가 결여되어 있다. 그렇기 때문에 이러한 어미들이 문장 속에서 그 결여된 요소를 보완하며, 글쓴이의 음성이나 표정을 어느 정도 상상하게 만드는 기능을 수행한다. 예를 들어 '다니고 있어서 말이야'라는 문장을 읽으면 대부분은 남성의 음성을 떠올릴 것이고, '다니는 거예요'라고 쓰여 있으면 여성의 목소리를 상상하게 된다. 즉, 이러한 어미 표현만으로 글쓴이의 성별까지도 유추 가능하다는 점이 회화체의 특징 중 하나다.

이처럼 남성과 여성의 언어 표현이 다르다는 것은 일본어만이 지닌 특수한 언어적 특징으로 아마 다른 언어에서는 거의 찾아보기 어려울 것이다.

예를 들어 영어에서 "He is going to school every day"라는 문장은 음성으로 들으면 사람의 성별을 어느 정도 추측할 수 있지만 글로 쓰인 문장에서는 남자인지 여자인지 누가 썼는지를 전혀 알 수 없다. 하지만 일본어로, 회화체로 쓰게 되면, 그 어미만으로도 구별을 지어 쓸 수 있다.

덧붙이자면 회화체에는 '회화체'만의 독립된 문장 형식이 따로 있지 않고 강의체, 병어체, 구상체 등을 자유롭게 혼합하여 사용하는 형태라고 이해하면 된다. 게다가 문장의 형식도 유연해서 중간에 끊기거나 중간에서 시작되어도 혹은 명사나 부사로 끝나더라도 문제되지 않는다. 지금까지 설명한 회화체의 특징을 요약하면 다음과 같다.

첫째, 표현이 자유롭다.

둘째, 문장의 끝에 다양한 어미의 변화가 있다.
셋째, 실제로 그 사람의 말투와 미묘한 감정, 표정 등을 상상할 수 있다.
넷째, 글쓴이의 성별을 구별할 수 있다.

생각건대 사토 하루오가 "글은 말하는 대로 써야 한다"라고 했던 말은 바로 이런 회화체의 장점을 꿰뚫은 발언일 것이다. 그러나 이것도 그 나름의 정도가 있는 법으로, 실제 말하는 그대로 쓴다면 불필요한 반복, 거친 용어, 문맥의 혼란 등이 뒤섞이기 쉬워 불편한 점이 많다는 것은 국회 속기록 등을 읽어보면 명확히 알 수 있다. 그럼에도 나는 강의체나 병어체의 제한된 표현들에 비해 회화체가 지닌 자유롭고 생생한 표현력을 더 적극적으로 현대문에 도입할 수 있는 가능성을 모색해볼 필요가 있다고 생각한다. 회화체는 일반적인 문장에서는 드물게 사용되지만, 개인의 사적인 편지글에서는 자주 나타난다. 특히 여학생들 간의 편지에서 많이 볼 수 있고, 고단講談이나 라쿠고 등 구술 문화를 필기한 글에서는 당연히 사용된다. 따라서 이러한 회화체의 예시들을 참고하여 소설은 물론이고, 논문이나 감상문에도 응용해 보는 시도는 결코 무의미하지 않다.

우리는 현재 음독音讀의 습관을 거의 잃고 살고 있지만, 소리를 전혀 상상하지 않고 글을 읽는 일은 있을 수 없다. 사람은 글을 읽을 때 마음속으로 소리를 내고, 그 소리를 내면의 귀로 듣는다는 것은 이 책 40쪽에서 설명한 바 있다. 그렇다면 남녀 어느 쪽의 목소리를 상상하면서 우리는 읽을까. 여성 독자가 어떻게 읽을지 잘 모르겠으나, 남성 독자는 대부분 남성의 목소리(대부분 자신의 목소리)로 읽는다. 그렇다면 작가가 남성이든 여성이든 결국 독자는 자신의 음성으로 읽는 셈이다. 그러나 만약 모든 글에서 작가의 성별이 명확히 드러난다면, 우리는 남자가 쓴 글은 남성의 음성을, 여자가 쓴 글에서는 여성의 음성을 상상하면서 읽게 되지 않을까? 이 점만 보더라도 회화체를 창작이나 문장의 구성에 응용해 보는 일은 충분히 의미 있는 시도라고 할 수 있다.

체재에 대하여

여기에서 말하는 체재란 글의 시각적 요소 전반을 가리키는 것으로, 항목을 나누어 보면 다음과 같다.

후리가나와 오쿠리가나의 문제
한자와 가나의 아테지
활자 형태의 문제
구두점 사용

35쪽에서 언급했듯이 언어란 본래 불완전한 것이므로 독자의 눈과 귀에 호소할 수 있는 모든 요소를 활용해 그 불완전함을 보완하는 것은 지극히 타당한 일이다. 또한 37쪽과 38쪽에서도 강조했듯이, 글자 모양은 좋든 나쁘든 반드시 내용에 영향을 미치며, 특히 일본처럼 형상문자(한자)와 음표문자(가나)를 혼용하는 언어에서는 그 영향이 더욱 뚜렷해 글의 목적에 맞게 그러한 시각적 요소를 적극적으로 고려하는 것은 당연한 일이다. 결국 체재 역시 넓은 의미에서 글의 내용에 포함되는 요소로 간주할 수 있으며 부차적인 것이 아니므로 결코 소홀히 다루어서는 안 된다.

1. 후리가나와 오쿠리가나의 문제

예전에 아쿠타가와 류노스케는 "독자에게 가장 친절한 방법은 모든 글자에 후리가나*를 붙이는 것이다"라고 말한 적이 있다. 이는 매우 타당한 지적이며 독자에게 친절할 뿐만 아니라, 실은 작가에게도 불필요한 오해를 줄이고 번거로움을 덜 수 있는 가장 효과적인 방법이기도 하다. 예를 들어, 내가 쓴 소설 중에 『두 아이二人の稚兒』라는 작품이 있는데, 나는 독자들이 '후타리노치고フタリノチゴ'로 읽기를 바랐다. 그런데 어떤 교양 있는 독자가 제목을 '니닌노치고ニニンノチゴ'로 읽은 적이 있었다. 그런 잘못된 독음을 듣게 되는 건 작가로서 썩 유쾌한 일은 아니지만 현대 구어체 문장에서는 자주 발생하는 문제다. 예컨대 내가 방금 '좋은 기분好い氣持'이라고 썼을 때, 어떤 사람은 '요이키모치ヨイキモチ'로, 또 어떤 사람은

---

* 한자의 읽는 법(발음)을 알려 주기 위해 히라가나나 가타카나로 한자 위나 옆에 작게 덧붙이는 표기다.

'이이키모치^{イイキモチ}'로 읽을 것이다. 정말 곤란한 것은 어려운 한자보다 쉬운 한자를 더 자주 잘못 읽게 된다는 점이다. 어려운 한자는 대부분 독음이 정해져 있어 모르더라도 독자가 주의를 기울이게 되고, 사전을 찾아보려는 태도를 보이지만, 쉬운 한자는 작가도 독자도 안일하게 받아들이기 쉽고 후리가나도 없을 경우가 많고, 심지어 사전을 찾아봐도 다양한 독음이 나열되어 있어 명확하지 않다. 가까운 예로 '家^집'을 '이에^{イエ}'로 읽어야 할지, '우치^{ウチ}'로 읽어야 할지 후리가나가 없으면 대부분의 경우 알기 어렵다. 또 '矢張^{역시}'는 '야하리^{ヤハリ}'인지 '얏파리^{ヤッパリ}'인지, '己一人^{나 홀로}'는 '오레히토리^{オレヒトリ}'인지, '오노레히토리^{オノレヒトリ}', '오노레이치닌^{オノレイチニン}'인지, '如何^{어떻게}'는 '이카가^{イカガ}' '이칸^{イカン}' '도우^{ドウ}' 중 무엇으로 읽을지, '何時^{언제}'는 '난도키^{ナンドキ}'인지 '이쓰^{イツ}'인지 후리가나가 없다면 읽는 법을 정확히 파악하기 어렵다. 이러한 예에서 보듯 독자가 작가의 의도와 다르게 읽어도 그 독음이 틀렸다고 단정할 수 없다. 이는 독자의 학력이나 지적 수준과도 관련이 없다. 하지만 고급 문예 작품에서는 글자의 독음 하나하나가 문장의 운율이나 분위기에 중요한 역할을 할 수 있으므로 작가로서는 당연히 신경을 쓰게 된다. 이처럼 생각해보면 모든 글자에 후리가나를 붙이는 게 더 안전하고 효과적인 방법이라 할 수 있다.

그러나 여기서 글자 모양의 문제가 발생한다. **모든 한자에**

후리가나를 붙이게 되면 활자가 지닌 시각적 아름다움과 그것이 주는 독서의 쾌감을 상당 부분 희생해야 한다. 그 이유는 오늘날 신문이나 잡지에 사용되는 활자의 크기가 로마자라면 몰라도 한자를 다수 사용하는 일본어에서는 지나치게 작기 때문이다. 이처럼 작은 활자는 고급 용지에 새로 주조한 활자를 사용하여 선명하게 인쇄하지 않는 이상, 획이 복잡한 글자일수록 잉크가 조금만 진하거나 연해도 획이 뭉개져 글자가 뚜렷하게 보이지 않는다. 판독은 가능하더라도 글자 모양이 흐릿하고 보기 좋지 않아 한자 특유의 매력을 제대로 감상하기 어렵다. 이러한 경향은 근래에 더욱 심해지고 있다. 메이지 시대에는 지금보다 거친 5호 활자를 사용했지만, 오늘날에는 더 가늘고 작은 포인트 활자가 주로 쓰이고 있다. 특히 신문은 지면을 효율적으로 쓰기 위해 단 수를 늘리고, 글자 간격을 좁히기 위해 일부러 짧은 활자를 새로 주조하기도 한다. 그렇게 되면 활자의 모양 자체가 정갈하지 않은 데다가 여기에 또 작고 촘촘한 후리가나가 덧붙여지면 전체가 검은 덩어리처럼 보여 인쇄물이 상당히 지저분해 보일 위험이 있다. 이 때문에 요즘은 통속 신문조차도 그 시각적 흉함과 작업의 번거로움을 감수할 수 없어 후리가나의 사용을 최소한으로 제한하고 있다.

단행본은 정기 간행물보다 인쇄가 선명하고 활자도 정돈되어 있어 글자 모양이 아름답게 보이기 때문에 문학 작품

특히 이즈미 교카, 우노 고지, 사토미 돈 등 유려한 어조를 구사하는 작가들의 문장에서는 모든 글자에 후리가나를 붙이는 것이 반드시 해가 되는 것은 아니다. 이들의 문장은 개별 글자의 뜻이 중요하기보다는 전체 문장의 유연한 흐름이 핵심이므로 독자가 어려운 글자에서 멈추는 일이 없도록 읽는 법을 미리 제시하는 것 자체가 문체적 장치가 될 수도 있기 때문이다. 게다가 후리가나는 한자의 딱딱함을 부드럽게 하고 히라가나와 자연스럽게 어우러지게 하는 역할도 한다. 하지만 간결한 어조의 문장에서는 사정이 달라진다. 이 경우에는 무엇보다도 글자 모양이 맑고 정제되어 있어야 하며, 필요 이상의 요소가 활자 주변을 어지럽히지 않도록 여백이 살아 있는 구성이 요구된다. 글자 주변이 조금이라도 더러워지면 미감이 손상되며 독자가 어려운 글자에서 잠시 멈추는 것도 그 글자의 인상을 각인시키는 데 유리하게 작용할 수 있다. 이 점은 냉정한 어조의 문장에서도 마찬가지다. 냉정한 어조는 이성적이고 논리적인 표현을 지향하므로 간결한 어조보다도 더 깨끗하고 투명한 글자 모양이 요구된다. 가령 나쓰메 소세키의 『해로행^{薤露行}』 같은 작품에 모든 글자에 후리가나를 붙이고 보기 흉한 인쇄로 제작되었다면, 그 예술적 감동은 반감되었을 것이다.

  인쇄업계에서는 후리가나를 루비^{ルビ}라고 부른다. 모든 글자에 후리가나를 붙이는 것을 총루비^{総ルビ}, 일부 특정 글자에만 붙이는 것을 부분 루비^{パラルビ}라고 한다. 오늘날 문학 작품에서 가장 널리 쓰이는 방식은 이 부분 루비다. 그러나 어떤 글자에 루비를 붙이고, 어떤 글자에는 생략할지를 결정하는 기준을 정하는 일은 결코 쉽지 않다. 왜냐하면 앞서 말한 것처럼 의외로 쉬운 글자가 더 오독되기 쉬운 데다가 작가 본인이 예상하지 못한 부분에서 독자가 잘못 읽는 일이 자주 발생하기 때문이다. 한때 나는 하나의 방침을 정해 사전을 찾아보면 누구나 읽을 수 있는 글자에는 루비를 생략하고, 앞서 말한 家^집, 如何^{어떻게}, 何時^{언제}, 己^{자기}, 一人^{한 사람}, 二人^{두 사람}처럼 독음에 혼동이 잦은 글자에만 루비를 붙이기로 한 적이 있었다. 그러나 이 역시 문제가 있었다. 예를 들어 '家'에 'イエ^{이에}'라는 루비를 붙였어도 작가가 항상 '家'를 '이에'로 읽히기를 원하는 것은 아니다. 같은 작품 안에서도 어떤 문맥에서는 '이에'로 읽고, 또 다른 문맥에서는 '우치'로 읽기를 바라는 경우가 있다. 그렇게 되면 '이에'로 읽어야 할 경우와 '우치'라고 읽어야 할 경우를 구별하기 위해서는 '家'라는 글자마다 모두 루비를 달리 해야 한다. 하지만 그런 글자가 몇 개만 되어도 결국 모든 글자에 루비를 붙이는 꼴이 되어버린다. 당연히 읽기 번거롭고 보기에 지저분한 인쇄물이 될 수밖에 없다.

이러한 점을 고려하면 루비는 애초에 많이 붙이지 않는 것이 바람직하며 정말 필요하다고 판단되는 경우에만 최소

한으로 제한해서 사용하는 것이 좋다. 하지만 이렇게 루비를 생략함으로써 또 다른 문제가 생기는데 그 첫 번째는 오쿠리가나^{送り假名} 문제다.

만약 아쿠타가와의 주장처럼 모든 글자에 후리가나를 붙인다면 오쿠리가나는 일본어 문법에서 정한 가나 사용 규칙에 따라 동사나 형용사, 부사 등 어미 변화가 있는 부분에만 붙이면 되고, 변화가 없는 명사 등에는 붙이지 않아도 된다. 하지만 후리가나를 생략한 경우에는 단지 문법 규정만으로 해결되지 않는 문제가 생긴다.

예를 들어 'コマカイ^{세밀하다}'라는 단어는 문법적으로는 '細い'로 쓰는 것이 맞을 것이다. 그러나 그렇게 쓰면 'ホソイ^{가늘다}'로 잘못 읽힐 가능성이 있다. 이를 방지하려면

細かい

로 써야 한다. 그렇게 되면 자연스럽게 短い^{짧다}, 柔い^{부드럽다} 같은 단어도 短かい, 柔かい로 써야 하지 않느냐는 논리적 귀결에 이르게 된다. 또한 'クルシイ^{괴롭다}'라는 단어는 본래

苦い

로 쓰는 것이 맞겠으나 'ニガイ^{쓰다}'로 읽히지 않게

苦しい

로 써야 한다. 酷い(むご)^{잔혹하다}도 'ヒドイ^{심하다}'와 혼동하지 않도록

酷ごい

로 쓰고, '賢い(かしこ)^{현명하다}'도 'サカシイ^{약삭빠르다}'로 읽히지 않게

賢こい

로 쓴다. 그러다 보면 이와 유사한 구조를 지닌 모든 형용사에도 비슷한 방식으로 오쿠리가나를 붙여야 한다는 강박이 생기게 된다. 결국 'ナガイ'로 읽을 때는 長がい^{길다}, 'キヨイ'로 읽을 때는 清よい^{깨끗하다}, 'アカルイ'로 읽을 때는 明るい^{밝다}와 같은 형태가 생기며 표기 방식은 점점 일관성을 잃고 작가의 기분에 따라 흔들리게 된다.

동사도 마찬가지로 'アラワス^{나타내다}'는 통상적으로 '現す'로 쓰지만, 예를 들어

관음보살님께서 모습을 나타내서^{観音様がお姿を現して}

와 같은 문구가 있다면, '現して'를 'アラワシテ^{아라와시테}'로

읽는 사람도 있고 'ゲンジテ^{겐지테}'로 읽는 사람도 있을 것이다. 그렇다면 이를 방지하기 위해 '現わして'라고 쓴다. 또한 'アワヲクラッテ^{몹시 당황해서}'라는 문구를

　泡を食って

로 쓰면 '아와오쿳테^{アワヲクッテ}'로 읽는 사람이 많을 것이다. 그래서 이를

　泡を食<u>ら</u>って

로 쓴다. 그렇게 되면 'ハタライテ'는 働<u>ら</u>いて^{일하며}, 'ネムッテ'는 眠<u>む</u>って^{자며}, 'ツトメテ'는 勤<u>と</u>めて^{근무하며} 등과 같은 변칙적인 오쿠리가나도 점점 늘어나게 된다. 결국 누구나 각자 자기 방식대로 쓰게 되는 것이다.

이처럼 오쿠리가나를 어근에 추가해야 하는 경우는 동사나 형용사에만 국한되지 않는다. 명사에서도 이러한 문제가 자주 생긴다. 나는 '誤'를 '아야마치^{アヤマチ}'로 읽는 사람이 있을 것 같아 '아야마리^{アヤマリ}'로 읽도록 '誤り'로 쓰는 습관이 생겼고, 결국 많은 동사형 명사에도 자연스럽게 오쿠리가나를 붙이는 버릇이 생겼다. 또한 '後'는 노치^{ノチ}, 아토^{アト}, 우시로^{ウシロ} 등으로 다양하게 읽힐 수 있으므로, 만약 '우시로'

3 문장의 요소　175

로 읽히기를 원한다면 여전히 '後ろ'라고 써야 하는 것이 일반적이다. 그리고 '先'를 '셴センン'이 아닌 '사키サキ'로 읽도록 '先き'라고 쓰거나 '삿키サッキ'로 읽게 '先ッき' 혹은 '先っき'로 쓰기도 했다. 하지만 이는 지나치게 우습다는 인식이 퍼지면서 요즘에는 아예 가나로만 쓰는 것으로 바뀌었다. 그럼에도 불구하고 이와 비슷한 재미있는 사례는 잡지나 신문 등에서 여전히 자주 발견된다. 가장 극단적인 예로는

少くない^{적지 않다}

라고 쓰고 여기에

^{すくな}少くない

라고 루비를 달지 않고

^す少くない^{적다}

로 붙이는 경우이다. 이처럼 루비까지 정성껏 달았으면서도 이런 잘못된 표기를 고치지 않는 경우는 실소를 자아낼 만하지만 앞서 설명한 여러 현실을 고려하면 마냥 웃을 수만도 없는 문제다.

나는 지금 떠오르는 몇 가지 예시만 들었지만 실제로 현대 구어문에 나타나는 오쿠리가나의 혼란과 불일치를 조사한다면 끝이 없을 것이다. 그렇기 때문에 아쿠타가와 류노스케가 말한 총루비를 붙이자는 제안은 실로 탁견이었다고 느낄 수밖에 없다. 하지만 여기에 한자의 아테지^{当て字} 문제까지 얽히게 되면 훨씬 더 복잡해진다.

2. 한자와 가나의 아테지

먼저 아래 예시처럼 한 단어에 두 가지 이상의 읽는 방식이 존재한다는 점에 주목할 필요가 있다.

生物^{생물}　이키모노^{イキモノ}, 세이부쓰^{セイブツ}

食物^{음식물}　쿠이모노^{クイモノ}, 쇼쿠모쓰^{ショクモツ}

帰路^{귀로}　카에리미치^{カエリミチ}, 키로^{キロ}

振子^{진자}　후리코^{フリコ}, 신시^{シンシ}

生花^{생화}　이케바나^{イケバナ}, 세이카^{セイカ}

捕縄^{포승}　토리나와^{トリナワ}, 호죠^{ホジョウ}

往来^{왕래}　유키키^{ユキキ}, 오우라이^{オウライ}

出入^{출입}　데이리^{デイリ}, 슈쓰뉴^{シュツニュウ}

生死^{생사}　이키시니^{イキシニ}, 세이시^{セイシ} 또는 쇼우시^{ショウシ}

往復^{왕복}　유키카에리^{ユキカエリ}, 오후쿠^{オウフク}

이 단어들은 후리가나가 없으면 독자는 음독으로 읽을지 훈독으로 읽을지 판단할 수 없어 읽는 방식이 제각각일 수밖에 없다. 따라서 훈독으로 읽히기를 바란다면 해당 단어를 구성하는 동사의 형태에 맞춰 오쿠리가나를 붙여 다음과 같이 표기하는 편이 낫다.

生き物^{이키모노}
食い物^{쿠이모노}
帰り路^{카에리미치}
振り子^{후리코}
生け花^{이케바나}
捕り縄^{토리나와}
往き来^{유키키}
出入り^{데이리}
生き死に^{이키시니}
往き復り^{유키카에리}

그래서 나는 "음독할 때는 오쿠리가나를 생략하고 훈독일 경우에는 반드시 오쿠리가나를 붙이는 것이 바람직하다"고 결론지은 적이 있다. 예를 들어 '生花^{생화}'는 반드시 'セイカ^{세이카}'로 읽고, 'イケバナ^{이케바나}'로 읽는 것은 잘못이며, '出入^{출입}'은 'シュツニュウ^{슈쓰뉴}'로 읽고 'デイリ^{데이리}'로 읽는 것은 잘

못이라는 식으로 읽는 법을 고정하면 혼란이 줄어들 거라 생각했다. 그러나 이 또한 간단한 문제가 아니라는 것을 다음 단어를 보면 알 수 있다.

指物^{전통 목공예품, 전쟁 깃발}

死水^{죽기 직전에 마시는 물 한 모금}

請負^{청부, 도급}

振舞^{행동}

抽出^{추출}

이와 같은 단어들은 어떻게 써야 할까. 아래와 같이 쓰지 않으면 '指物'은 'シブツ^{시부쓰}', '死水'은 'シスイ^{시스이}', '請負'은 'セイフ^{세이후}', '振舞'는 'シンブ^{신부}', '抽出'은 'チュウシュツ^{츄슈쓰}'로 읽혀도 어쩔 수 없다.

指し物^{사시모노}

死に水^{시니미즈}

請け負い^{우케오이}

振る舞い^{후루마이}

抽き出し^{히키다시}

이런 방식을 철저하게 적용하려면 股引き^{모모히키, 몸에 밀착된 바}

지, 穿き物하키모노, 신발, 踊り場오도리바, 계단참, 球撞き다마쓰키, 당구, 年寄り도시요리, 노인, 子守り고모리, 보모, 仕合い시아이, 시합 같은 표기는 물론 場合い바아이, 경우, 工合い구아이, 형편 같은 형태까지도 생겨난다. 이러한 방식은 이론적으로 일관성이 있지만 실제로는 너무 번거롭고 불편하다. 게다가 若年寄와카도시요리, 에도 막부 중견 관료, 目附메쓰케, 막부의 감찰관, 関守세키모리, 관문 수비대, 賄方마카나이카타, 요리 담당자 같은 단어들은 표기 자체에 일본의 역사나 제도, 전통이 담겨 있기 때문에 어디까지를 예외로 둘 것인지는 그때그때 상황의 분위기에 따라 달라질 수 있어 작가의 판단에 맡길 수밖에 없고, 통일된 기준을 유지하기는 어렵다.

또한 음독이나 훈독과도 관계없이 단어의 의미를 고려해서 한자를 채택한 경우가 많다. 예를 들면 다음과 같다.

寝衣네마키, 잠옷

浴衣유카타, 간소한 외출용 기모노

塵芥고미, 쓰레기

心算쓰모리, 생각, 의도

姉妹교다이, 자매

母子오야코, 모자

身長세이, 키

泥濘누카루미, 진흙탕

粗笨존자이, 조잡함

可笑しい ^{오카시이, 우습다}

怪しい ^{아야시이, 괴상하다}

五月蝿い ^{우루사이, 시끄럽다}

酷い ^{히도이, 심하다}

急遽に ^{야니와니, 갑작스럽게}

威嚇す ^{오도스, 위협하다}

強要る ^{유스루, 강요하다}

이런 표기는 일정한 규칙 없이 임의로 만들어진 경우도 많고, 五月蝿い^{우루사이}처럼 장난스러운 발상에서 비롯된 예도 적지 않다. 마치 암호나 수수께끼와 같으며 보통 사람은 읽기도 어렵다. 물론 寝衣^{네마키}, 浴衣^{유카타}처럼 관용적으로 굳어진 예도 많지만, 고미^{ゴミ}는 塵芥 외에도 塵埃로도 쓰이는 등 개인에 따라 표기 습관이 다르다. 야카마시이^{ヤカマシイ}*는 喧しい, 矢釜しい로도 쓴다. 오도스^{オドス}는 威嚇す, 嚇す로, 유스루^{ユスル}는 強要る, 強請る, 脅迫る 등으로도 표기된다. 오쿠리가나가 붙어 있는 동사나 형용사는 비교적 읽기에 혼동이 적은 편이지만, 그래도 酷い처럼 '히도이^{ヒドイ, 심하다}'가 '무고이^{ムゴイ, 잔혹하다}'로 읽히는 경우도 있다. 또한 오쿠리가나가 없는 글자 모양은 寝衣를 シンイ^{신이}, 浴衣를 ヨクイ^{요쿠이}, 塵芥를

---

* 시끄럽다, 번거롭다, 잔소리가 심하다, 엄격하다, 떠들썩하다는 뜻이다.

3 문장의 요소 181

ジンカイ^{진카이}, 心算를 シンサン^{신산}, 姉妹를 シマイ^{시마이}, 母子를 ボシ^{보시}, 身長을 シンチョウ^{신초}, 泥濘를 デイネイ^{데이네이}, 粗笨을 ソホン^{소혼}, 急遽에를 キュウキョニ^{규쿄니} 등으로 읽혀도 별 수 없다.

모리 오가이는 이러한 문제에 매우 신경을 썼으며, 그의 소설이나 희곡을 읽어보면 한자와 가나의 사용에 얼마나 세심한 주의를 기울였는지 금세 알 수 있다. 하지만 그것이 단지 그의 해박한 학식 때문만은 아니다. 옛날 작가들 중에는 지식이 지나치면 독특한 아테지를 고안하여 억지로 읽는 법을 부여하고, 그 결과 표기상의 통일을 해치는 방향으로 나아가는 경우가 많았다. 그러나 모리 오가이는 그런 경향과 달리 일본어의 특성을 깊이 이해하고 문자의 사용과 관련된 난제를 명확히 인식한 뒤, 확고한 원칙 아래 이 문제들을 정리했던 것으로 보인다. 사실 나는 아직 그의 문장을 그런 관점에서 세심하게 다시 읽어본 적이 없기 때문에 단언할 수는 없지만, 문법학자의 눈으로 보더라도 그의 문장은 아마도 구어문 중 오류가 가장 적은 사례일 것이다. 그의 문학 작품을 폭넓게 탐색하고 그 문장 구성법과 용어 사용법을 체계적으로 정리하면 훌륭한 구어 문법 교재가 될지도 모른다. 그의 가나 사용이 얼마나 정확했는지를 보여주는 예를 몇 가지 들자면, '感心しない^{감탄하지 않는다}', '記憶しない^{기억하지 않는다}'와 같은 경우 '感心<u>せ</u>ない', '記憶<u>せ</u>ない'로 표기한 점을 들 수 있다. 이는 일본어 문법상 사행 변격 동사*의 활용 규칙에 따라 적은 것이다. 또 원래 '勉強しやう^{공부하자}', '運動しやう^{운동하자}'로 쓰이던 표현을 모리 오가이는 '勉強せう', '運動せう'의 연장형으로 간주하여 '勉強しよう', '運動しよう'와 같이 썼다. '向ふの丘^{건너편 언덕}', '向ふの川^{건너편 강}'라고 썼던 표현도 '向ひの丘', '向ひの川'의 'ひ'의 음편으로 보고, '向うの丘', '向うの川'로 표기했다. 이처럼 모리 오가이의 가나 사용은 그러한 문제에 무관심한 현대의 젊은 작가들에게도 은연중에 영향을 주었고, 일부는 지금도 이어져 있어 약간의 통일성이 유지되고 있다. 따라서 이 분야에서 그의 공적은 결코 가볍게 여겨서는 안 된다.

그렇다면 앞서 언급한 혼란스러운 한자 표기를 모리 오가이는 어떻게 처리했을까?

浴衣^{유카타}

塵芥^{쓰레기}

寝衣^{잠옷}

酷い^{심하다}

---

* 일본어 오십음 중 サ(사)행, 즉 さ, し, す, せ, 로 활용이 변하는 변격 동사를 의미한다. 사행 변격, 즉 사변 동사는 기본적으로 'する'(하다)로 끝나는 동사를 말하는데, 일반 동사와 달리 변격 활용의 패턴을 가진다. 'する' 단독으로 활용되거나 '명사+する' 형태로 동사화된다. '사변 동사의 활용 규칙'은 する가 しない(하지 않는다), しながら(하면서), すれば(한다면), しろ/せよ(해라) 등으로 활용된다.

이와 같은 것들은 오가이의 문장에서는 다음과 같이 표기되었다.

湯帷子^{유카타}
五味^{고미}
寝間着^{네마키}
非道い^{히도이}

이 중 '湯帷子'라는 글자는 '유카타비라^{ユカタビラ}'로 읽히는 것을 막기 위해 'ゆかた'라고 후리가나가 붙어 있던 것을 본 기억이 있다. 그러나 대개 이런 식으로 표기하면 후리가나 없이도 읽을 수 있다. 설령 '유카타비라'로 읽는다 해도 '浴衣' 두 글자보다는 납득이 가는 표현이기 때문에 그런대로 이해할 수가 있다. 즉, 모리 오가이의 한자 표기는 의미에 따라 선택한 것이 아니라, 단어의 유래까지 거슬러 올라가 어원적으로 정당한 글자를 채택한 것이다. 이러한 방침에 따르면 '心算^{생각}'은 '積り^{쓰모리}', '急遽に^{갑자기/느닷없게}'는 '矢庭に^{아니하나}', '強要る^{강요하다}'는 '搖する^{유스루}'로 써야 한다. 또한 '여자 형제^{姉妹}'라는 의미를 전달하려 해도 'キョウダイ^{형제}'라는 발음에 반드시 '兄弟'*를 써야 하고, 어머니와 자식이라는 의미라 해도 'オヤコ^{부모 자식}'라고 말할 때에는 '親子'로 써야 한다. 즉, 의미에 따라 임의로 한자를 바꾸는 것은 혼란을 야기할 뿐이다. 여자 형제를 강조하고 싶다면 '여자 형제女の兄弟', '자매姉妹', '언니와 여동생姉と妹' 등으로 써야 하고, 어머니를 강조하고 싶다면 '모자母子', '어머니와 자식母親と子'이라고 쓰면 된다. 또한 'ヌカルミ진흙탕', 'ゾンザイ조잡함', 'オカシイ우습다', 'ウルサイ시끄럽다' 등은 마땅한 한자 표기를 찾기 어려우므로 차라리 그냥 가나假名로 쓰는 것이 가장 낫다. 이는 어디까지나 나의 추측에 불과하지만 모리 오가이의 방침도 대체로 그런 원칙을 따랐을 것이라 생각한다.

나도 한때 모리 오가이의 이러한 방식에 깊은 영향을 받아 흉내 내보려 한 적이 있었고 지금도 어느 정도 그 영향을 받고 있지만 실제로는 너무 복잡하고 판단이 어려워 결국 상황에 따라 유동적으로 표기할 수밖에 없게 되었다. 그렇다고 해서 그것이 반드시 나의 무지나 부주의 때문이라고 단정 지을 수는 없다. 자세한 사례를 하나하나 들어 설명하려면 너무 장황해지므로 간단히 요약하자면, 아테지나 가나 사용 문제는 어떤 방식으로 접근하더라도 궁극적으로 해결되기 어려운 난제다. 모리 오가이의 방침을 끝까지 밀고 나가다면 '単衣홑옷'는 '一と重히토에', '袷겹옷'는 '合わせ아와세', '家집'는 '内우치'로 써야 하는데 현실적으로는 그렇게까지 실천하기는 어렵다. 훈독訓讀이라는 것도 본래 한자의 의미에 해

---

* 일본어에서는 여자 형제와 남자 형제 구분 없이 '형제'라는 단어로 사용한다. 일본어 '형제(兄弟)'는 자매를 나타내는 말이기도 하다.

당하는 일본어 단어를 차용한 것이므로, 오늘날 '卓子^{탁자}'를 '테이블', '乘合自動車^{승합 자동차}'를 '버스'라고 읽는 것과 본질적으로 큰 차이가 없다. 그렇다면 '家'를 반드시 'イエ^{이에}'로만 읽어야 한다는 주장은 성립하지 않으며, 새로운 훈독도 역시 훈독으로 받아들일 수 있다. '単衣^{히토에}', '浴衣^{유카타}' 등도 각각 두 글자의 한자에 부여된 훈독으로 인정될 수 있다. 이러한 사고방식을 끝까지 밀고 나가면 결국 정해진 훈독이라는 것은 존재하지 않으며, 잘못만 아니라면 어떤 방식으로 읽어도 무방하다는 결론에 이르게 된다. 또한 食い物^{구이모노}, 出入り^{데이리}, 請け負い^{우케오이} 등 오쿠리가나 사용 여부나 방식, 거기에서 오는 혼란과 번거로움의 문제 역시 모리 오가이도 완전히 해결하지는 못했다. 그리고 그것이 해결되었다고 해도 '寝台^{침대}'라는 단어 하나만 보더라도 'シンダイ'와 'ネダイ'라는 두 가지 읽기가 공존하기 때문에 여전히 독자 간의 해석 차이를 없애기는 어렵다. 결국 일본어 문장이라는 것은 '어떻게 읽는가'라는 문제에서 벗어날 수 없고, 그것은 언제나 제각각일 수밖에 없다.

그래서 나는 발음에 맞추기 위해 한자를 합리적으로 사용한다는 생각을 포기하고, 최근에는 전혀 다른 관점에서 하나의 원칙을 세우고 있다. 즉, 이러한 한자 표기나 가나 사용을 문장의 시각적 혹은 음악적 효과로 파악하는 것이다. 다시 말해 아테지와 가나 사용을 어조의 흐름이나 문장의 시각적 미감과 조화시키는 수단으로 본 것이다.

먼저 시각적 효과의 관점에서 말하자면, '나팔꽃'을 '朝顔'라고 쓰면 일본적인 부드러운 인상을 주고, '牽牛花'라고 쓰면 중국적인 엄숙한 분위기를 자아낸다. '칠석'은 '七夕'나 '棚機'로 표기할 수도 있지만, 중국 전승을 반영하고 싶다면 '乞巧奠'으로 쓸 수도 있다. '난폭ランボウ'이나 '빈틈 없다ジョサイナイ' 같은 단어도 오늘날 '乱暴' '如才ない'로 표기하지만, 전국 시대(15세기 중반~16세기 후반)를 배경으로 한 소설이라면 '濫妨' '如在ない'로 쓰는 편이 더 어울릴 수도 있다. 가나를 사용할 때에도 이해하기 쉬운 표기를 원하면 오쿠리가나를 정중하게 붙이고, 정서적인 어조나 분위기를 중시할 때는 미감에 맞게 적절히 선택한다. 따라서 어떤 때는 '振舞'라 쓰고, 어떤 때는 '振る舞い'라고 쓴다. 예를 들어 시가 나오야의 「기노사키에서」에서는 其処で, 丁度, 或朝の事, 仕舞った 같은 표기가 등장한다. 그러나 글의 감성을 부드럽게 하고 싶을 때는 'そこで그래서', 'ちょうど마침', '或る朝のこと어느 아침의 일', 'しまった버렸다'와 같이 가나로 쓰는 것이 더 적절할 수도 있다.

한때 내가 『장님 이야기盲目物語』라는 소설을 쓸 때에는 되도록 한자 사용을 피하고 대부분 히라가나로 표기했는데, 이 작품은 전국 시대의 장님 안마사가 노인이 되어 자신의 과거를 더듬어 이야기하는 형식이었기 때문에 언급한 시각적

효과를 노린 것이었다. 동시에 전체 문장의 템포를 일부러 늦춤으로써 음악적 효과도 고려했다. 독자에게 노인이 희미한 기억을 떠올리며 쉰 목소리로 알아듣기 힘들 만큼 느릿느릿 이야기하는 느낌을 주려는 의도가 있었고, 이를 위해 일부러 읽기 불편한 정도로 가나를 많이 사용한 것이다. 또한 感ずる느까다, 感じる느까다, 感じない느까지 않는다, 感ぜない느까지 않는다 같은 표현의 차이도 그때그때 어감이 좋은 쪽을 골라 사용했다. 한 문장 안에서도 이 같은 표현을 반드시 통일하지는 않았다.

이런 방침에 따르면 후리가나 문제도 자연스럽게 해결된다. 때로는 총루비로 모든 글자에 루비를 붙이거나 부분 루비만 붙여도 별다른 문제가 되지 않는다. 단 그 판단은 어디까지나 문장의 내용과 조화를 이루는지에 기반해 결정되며, 독자에 대한 친절을 고려한 결과는 아니다. 독자가 제대로 읽어줄지를 신경 쓰기 시작하면 한도 끝도 없기 때문에, 이는 독자의 문학적 상식과 감각에 맡긴다. 그 정도의 상식과 감각이 없는 독자는 어차피 그 내용을 이해할 수 없는 사람으로 간주한다.

이러한 방식은 하나의 방침이기는 하지만 실제로는 매번 상황에 따라 달라지기 때문에 결국 방침이 없는 것과 같다. 그러나 거꾸로 생각해보면, 모리 오가이의 철저하고 정확한 문자 사용도 그의 학구적이고 엄정한 문체에서 기인한 시각적 효과의

일환이라고 할 수 있고, 만약 그 내용이 열정적이었거나 감정의 흐름이 강한 것이었다면, 그렇게 치밀한 문자 사용이 오히려 방해가 되었을지도 모른다. 그렇게 본다면 나쓰메 소세키의 『나는 고양이로소이다 我輩は猫である』의 문자 사용은 매우 독특해서, 그는 'ゾンザイ 거칠'를 '存在'로 표기하고, 'ヤカマシイ 시끄럽다'를 '矢釜しい'로 쓰는 등 해독하기 어려운 특이한 한자 표기를 했지만, 거기에 루비를 붙이지 않았다. 이처럼 무심하고 일견 엉터리처럼 보이는 표기 방식은 모리 오가이의 정밀한 방식과 대조를 이루면서도, 그 특이한 글자 표기가 소설의 표일한 내용에 딱 들어맞아 유머와 선禪의 느낌을 보완해 주었다는 인상을 지금도 기억하고 있다.

결국 문자 사용 문제에 관해서 나는 아주 회의적인 입장이기 때문에 여러분에게 이래라 저래라 말할 자격은 없다. 모리 오가이 방식이든, 나쓰메 소세키 방식이든 혹은 무방침의 방침이든, 어떤 방식을 선택하든 그것은 전적으로 글 쓰는 사람의 자유다. 다만 문자 사용이라는 것이 얼마나 까다롭고 복잡한 문제인지를 말씀드리고, 그 점에 대해 한 번쯤은 주의를 기울여 봤으면 하는 바람일 뿐이다.

참고로 오사카 마이니치신문사에서는 자사 신문에 사용하는 한자 표기와 가나 사용의 규칙을 정하고 스타일북^{Style} $_{Book}$이라는 소책자를 만들어 직원들과 관계자들에게 배포한 적이 있다. 이 책자는 실용적이면서도 균형 잡힌 견해들이

3 문장의 요소 189

담겨 있어, 만약 입수할 기회가 있다면 참고가 될 만한 내용이 있을 것이니 한 번쯤 읽어보기를 권한다.

3. 활자 형태의 문제

일본에서 일반적으로 사용하는 활자의 크기가 지나치게 작다는 점은 이미 언급한 바 있다. 나처럼 노안이 있는 사람에게는 5호 활자나 9포인트 활자만 해도 돋보기를 써도 탁음 부호濁音符와 반탁음 부호半濁音符를 구별하기 어렵다. 특히 가타카나로 인쇄된 외국 지명이나 인명은 작은 기호가 잉크로 뭉개져 '나폴리ナポリ'인지 '나볼리ナポリ'인지, '푸루델ブルーデル'인지 '부루델ブルーデル'인지 확대경을 들이대도 알 수 없을 때가 많다. 이러한 문제를 고려하면 적어도 단행본만큼은 4호 활자처럼 더 큰 글씨체를 사용하는 게 유행이 되어도 좋지 않을까? 서양 문자처럼 간결한 알파벳은 작은 활자여도 판독에 큰 지장이 없지만, 그럼에도 불구하고 4호 활자에 해당하는 큰 활자로 인쇄된 책이 적지 않은데, 일본에서는 큰 활자가 적은 이유는 어째서일까. 4호 활자를 사용하면 후리가나용 활자 역시 커지기 때문에 모든 글자에 루비를 붙여도 읽기가 훨씬 수월해진다.

현재 일본에서 보통 사용하는 활자체는 명조체와 고딕체 두 가지가 주를 이루지만 서양에서는 고딕체 외에도 이탤릭체가 있고, 독일식 활자체까지 포함하면 네 가지 스타일이 통용된다. 이런 점에서 보면 다양한 서체의 활용이 부족한 편인데 일본처럼 미적인 글씨체를 보유하며 해서^{楷書}, 행서^{行書}, 초서^{草書}, 예서^{隸書}, 전서^{篆書}, 변체가나^{変體假名}, 가타카나^{片假名} 등 다양한 글꼴이 있는데도 문장의 시각적 효과를 위해 이런 글꼴들을 활용하지 않는 것은 아쉬운 일이다. 내가 아는 한 가타카나를 의도적으로 문장 내에 도입한 예로는 사토 하루오의 소설『진술^{陳述}』이 있는데 이후로는 이처럼 실험적인 사례를 좀처럼 찾아보기 어렵다. 변체가나는 한때 인쇄물에 사용된 전례도 있었고 예서나 행서 등은 지금도 명함 같은 데에는 종종 쓰이고 있으니 이처럼 다양한 글꼴을 더 넓은 응용 범위에서 활용해보는 것도 충분히 고려해볼 만한 일이라고 생각한다.

4. 구두점 사용

현대 일본어의 구어문에서 사용하는 구두점에는 다음과 같이 여덟 가지가 있다. 문장의 끝을 나타내는 '。', 문장 중간의 구분을 나타내는 ',', 단어를 구분하는 '·', 인용 부호「 」와 『 』, 그리고 서양에서 유래한 의문부호 '?', 감탄부호 '!', 대시 '—', 점선 '……' 등으로, 인용 부호는 일본식「 」 대신 서양식 ' ' " "를 쓰는 사람도 있으나 아직 널리 퍼지지는 않았다.

하지만 나는 일본어 문장에는 서양 문장 구성 방식과 같은 구두점 체계가 반드시 필요하지 않다고 생각하며, 그런 관점에 따라 구두점을 사용하지 않으려 한다. 예를 들어 '。'는 문장의 종결을, ','는 중간의 중간 구분을 나타낸다고는 하지만 135쪽에 실린 『겐지 이야기』의 번역문을 보라. 만약 그 구절을 세 문장으로 나눈다면 '마음에 들지 않는다' '흔들리고 있다' '따름이다'로 구분할 수 있다. 그러나 이것을 하나의 문장으로 본다면 마지막 '따름이다' 부분에만 '。'를 찍어도 무방하고, 아직 문장이 끝나지 않았다고 본다면 모든 곳을 ','로만 이어도 무리가 없다. 오히려 그 편이 여운을 남긴다는 의견도 있다. 실제로 내가 지금 "','로만 이어도 무리가 없다. 오히려 그 편이"라고 썼는데, 만약 "하나의 문장으로 본다면"이라는 구절이 "여운을 남긴다"까지 이어진다고 해석하면, "이어도 무리가 없다" 뒤에 찍힌 '。'도 문장 중간의 구분을 나타내는 ','로 바꿔도 어색하지 않다. 더 나아가 "의견도 있다"가 일곱 줄 위의 문장 "중간의 중간 구분을 나타낸다고는 하지만"에 대응한다고 본다면 "보라" 뒤에 찍은 '。'도 ','로 처리할 수 있다. 이처럼 구두점도 아테지나 가나 사용처럼 이성적으로 명확히 규정할 수 있는 것이 아니다.

그래서 나는 구두점을 문장의 감각적 효과로 간주하고,

독자가 읽으며 쉬어가길 바라는 지점에 구두점을 찍는다. 짧게 멈추길 원하는 곳엔 ','를, 조금 더 길게 쉬어가야 할 곳엔 '。'를 사용한다. 이는 문장의 구조와 일치하는 경우도 있지만 반드시 그렇지는 않다. 내가 쓴 소설『슌킨 이야기春琴抄』의 문장은 이러한 원칙을 철저히 실험한 예로 그 문장의 한 부분은 아래와 같다.

여성이며 맹인이고 독신이라면 사치라고 해도 어느 정도 한계가 있기 마련으로 아무리 아름다운 옷과 맛있는 음식을 마음껏 누린다 해도 그리 대단한 것은 아니다 하지만 슌킨春琴의 집에는 주인 한 사람에 하인이 대여섯 명이나 있다 매달 생활비도 적지 않은 액수였다 왜 그렇게 돈과 인력이 많이 필요했는가 하면, 그 첫 번째 원인은 작은 새를 기르는 취미가 있었다 특히 그녀는 꾀꼬리를 사랑했다. 오늘날 소리가 좋은 꾀꼬리는 한 마리에 만 엔이나 하는 경우도 있다 과거에도 사정은 마찬가지였을 것이다. 물론 지금과 옛날과는 꾀꼬리 울음소리를 감별하는 방법이나 감상법은 약간 다를 수 있지만 우선 오늘날의 예를 들어 이야기하자면, 캣쿄, 캣쿄, 캣쿄캣쿄 우는 이른바 골짜기 건너는 소리谷渡りの声 호키베카콘이라고 우는 이른바 고음, 호호케쿄라는 본래 타고난 목소리地声 외에 이 두 종류의 울음소리를 낼 수 있는 것이 가치 있는 꾀꼬리로 여겨진다 이것은 들꾀꼬리藪鶯는 낼 수 없는 소리다 가끔 낸다 해도 호키베카콘이라고 울지 않고 호키베차라고 울기 때문

에 소리가 거칠다. 베카콘이라고 하는, 콘 소리에 담긴 금속성의 맑은 여운을 끌어내기 위해서는 특정한 인위적 방법으로 키워야 한다 그 방법은 들꾀꼬리의 새끼를, 아직 꼬리가 나지 않았을 때 생포해 와서 다른 스승 꾀꼬리 곁에 두어 울음을 가르치는 것이다 꼬리가 난 뒤에는 부모 들꾀꼬리의 거친 울음소리를 익혀버려 더는 교정할 수 없기 때문이다.

그런데 이러한 구두점 사용을 문장의 구성과 맞추어 바꾸어 찍으면 다음과 같이 된다.

여성이며 맹인이고 독신이라면, 사치라고 해도 어느 정도 한계가 있기 마련으로, 아무리 아름다운 옷과 맛있는 음식을 마음껏 누린다 해도 그리 대단한 것은 아니다. 하지만 슌킨春琴의 집에는 주인 한 사람에 하인이 대여섯 명이나 있다. 매달 생활비도 적지 않은 액수였다. 왜 그렇게 돈과 인력이 많이 필요했는가 하면, 그 첫 번째 원인은 작은 새를 기르는 취미가 있었다. 특히 그녀는 꾀꼬리를 사랑했나. 오늘날 소리가 좋은 꾀꼬리는 한 마리에 만 엔이나 하는 경우도 있다. 과거에도 사정은 마찬가지였을 것이다. 물론 지금과 옛날과는, 꾀꼬리 울음소리를 감별하는 방법이나, 감상법은 약간 다를 수 있지만, 우선 오늘날의 예를 들어 이야기하자면, 캣쿄, 캣쿄, 캣쿄캣쿄 우는 이른바 골짜기 건너는 소리谷渡りの声, 호키베카콘이라고 우는 이른바 고음, 호호케쿄라는 본래 타

고난 목소리^(地声) 외에, 이 두 종류의 울음소리를 낼 수 있는 것이 가치 있는 꾀꼬리로 여겨진다. 이것은 들꾀꼬리^(藪鶯)는 낼 수 없는 소리다. 가끔 낸다 해도 호키베카콘이라고 울지 않고, 호키베차라고 울기 때문에 소리가 거칠다. 베카콘이라고 하는, 콘 소리에 담긴 금속성의 맑은 여운을 끌어내기 위해서는, 특정한 인위적 방법으로 키워야 한다. 그 방법은 들꾀꼬리의 새끼를, 아직 꼬리가 나지 않았을 때 생포해 와서, 다른 스승 꾀꼬리 곁에 두어 울음을 가르치는 것이다. 꼬리가 난 뒤에는, 부모 들꾀꼬리의 거친 울음소리를 익혀버려, 더는 교정할 수 없기 때문이다.

이 두 가지 예를 비교해 읽어보면 알겠지만, 내가 구두점을 사용하는 방식은 다음과 같은 목적이 있다. 첫째 문장의 끊어짐을 흐리게 하여 자연스럽게 이어지게, 둘째 문장의 호흡을 길게 하여 여운을 주기 위해, 셋째 흐릿한 먹물로 부드럽게 흘려 쓴 듯한, 은은하고 섬세한 느낌을 표현하기 위해서다.

서양에서는 의문문이나 감탄문에는 반드시 **의문부호나 감탄부호**를 붙이는 것이 일반적이지만, 일본에서는 사용하는 사람의 기분에 따라 다르며 규칙적으로 사용하는 경우는 거의 없다. 물론 필요에 따라 기호나 점선, 대시 등을 억양이나 쉬어가는 부분을 나타내는 표시로 활용할 수 있지만, 일본어 문장에는 특히 대시가 시각적으로 가장 잘 어울리며, 감탄부호나 의문부호는 상황에 따라 시각적 조화를 해칠 수도 있다. 최근 중국에서도 이러한 기호 사용이 유행하고 있어 고전 시문에서도 다음과 같은 방식으로 구두점이 삽입된 경우를 볼 수 있다.

白髮三千丈　緣愁似箇長!
不知明鏡裏　何処得秋霜?*

그러나 위의 예를 보면 알 수 있듯 특히 한문에서는 이러한 부호들이 부자연스럽고 조화롭지 못한 인상을 준다. 본래 일본인은 목소리를 높여 외치거나 강압적인 어조로 질문하는 것을 고상하지 못하다고 여기는 경향이 있기 때문에 부호는 가급적 절제하여 사용하는 것이 바람직하다.

다만 의문부호에 대해서는 예외가 있을 수 있다. 예컨대 회화체에서 '너는 몰라?君は知らない?' 혹은 '알아?知っている?'와 같이 부정형이나 긍정형 문장과 동일한 문형으로 이루어진 의문이 있다. 또한 '예ㅊ' 또는 '예예ㅊㅊ'라는 표현도 긍정의 의미로 쓰이는지, 의문을 되묻는 '뭐?ㅊ' 또는 '뭐뭐?ㅊㅊ'인지 구별이 필요하다. 실제 회화에서는 억양으로 이 차이를 쉽게 알 수 있지만, 글로 쓸 때는 그 억양을 알 수 없다. 이런 경

---

*　백발이 삼천 길이나 되니 근심이 그토록 길었던 탓이겠지!
　　밝은 거울 속을 보아도 어찌하여 가을 서리가 내려앉았는지 알 수 없구나?

우에는 내가 지금 예시로 제시한 것처럼 의문부호 '?'를 붙여 질문의 의미를 명확히 하는 편이 좋을지도 모른다. 적어도 그 편이 독자에게 더 친절하다.

그리고 인용 부호에 대해 말하자면 최근에는 서양식 쿼테이션 마크인 큰따옴표를 사용하는 사람도 있지만 이는 가로쓰기의 서양어에는 잘 어울려도 세로쓰기의 일본어에는 시각적으로 부자연스러우므로 추천하지 않는다. 따라서 일본어에서는 기존의 겹낫표『 』또는 낫표「 」를 사용하는 것이 더 바람직하다. 이 두 가지 인용 부호는 기본적으로 동일하게 사용되지만 사람마다 습관이 다르고 구분 없이 사용하는 경우도 있다. 그러나 두 가지 형태가 있는 만큼 일정한 기준을 정해 사용하는 것이 좋지 않을까? 예를 들어 낫표「 」를 영어의 첫 번째 쿼테이션 마크처럼, 겹낫표『 』를 두 번째 인용용으로 사용하는 식이다. 나도 오래전부터 이 방식을 따르고 있으니 참고하면 좋겠다.

하지만 거듭 강조하듯, 일본어 문장의 묘미는 일정한 규칙에서 벗어난 자유로운 표현에 있으므로 구두점이나 인용부호도 너무 엄격하게 규정하지 않는 게 좋다. 예를 들어 '知らない?몰라?'라는 문장에서 굳이 의문부호를 붙이지 않더라도, 그 문장이 질문인지 단순한 서술인지 문맥 속에서 충분히 파악할 수 있다. 따라서 독자의 판단에 맡기고 지나치게 친절하게 설명하려는 의도는 오히려 불필요할 수 있다. 인용 부호도 마찬가지다. 오늘날 소설에서 흔히 대화에 쓰이는「」나『』기호는 꼭 필요한 것은 아니다. 원래 이러한 부호는 지문과 대화를 구별하거나, 한 사람의 말에서 다른 사람의 말로 전환되는 것을 나타내기 위한 것이지만, 대부분의 현대 소설에서는 대화 부분을 화자가 바뀔 때마다 줄을 바꿔서 쓰고 있다. 게다가 지문은 대개 강의체로 쓰이므로 자연스럽게 대화와 구별된다. 또한 인물 간 대화의 말투도 각각 다르므로 인용 부호가 없어도 말하는 사람을 구별할 수 있다. 남성과 여성의 말투가 다르다는 것은 164쪽에서도 이미 언급했지만, 그 외에도 일본어의 예의범절 문화로 인해 화자의 나이, 지위, 직업, 상대와의 관계에 따라 사용하는 표현이 달라진다. 예를 들어 갑은 을을 '너おまえ'라고 부르지만, 을은 갑을 '당신あなた'이라고 부를 수도 있다. 한쪽이 '있사옵니다ございます'를 쓰면 다른 사람은 '입니다です' 또는 '다だ'를 쓰는 식으로, 사용하는 대명사나 동사, 조동사의 형태도 다르다. 이 내용은 다음 장「품격에 대하여」를 읽어보면 더 잘 알 수 있을 것이다. 어쨌든 이러한 점들을 고려하면 인용 부호 없이도 지문과 대사, 등장인물 간의 대화 전환을 혼동할 가능성은 거의 없다. 따라서 문장 부호 사용도 일정한 규칙으로 고정하기보다 문장의 분위기와 시각적 조화 등을 함께 고려하여 유연하게 사용하는 것이 더 바람직하다고 나는 생각한다.

품격에 대하여

　품격이란 다른 말로 하면 **예의범절**을 가리키며 여러분이 많은 사람 앞에서 인사를 하거나 연설해야 할 경우, 단정한 옷차림을 갖추고 언행에도 조심할 것이다. 마찬가지로 글도 대중을 상대로 하는 것이므로 일정한 품위를 갖추고 예의를 지키는 게 당연하다고 할 수 있다.
　그렇다면 글에서 예의를 지키기 위해서는 무엇이 중요할까? 우선 다음 세 가지를 들 수 있다.

1. 말이 많고 장황한 표현을 삼갈 것
2. 언어 사용을 함부로 하지 말 것
3. 경어와 존칭을 소홀히 하지 말 것

　하지만 품격과 예의란 어디까지나 마음가짐에서 비롯되

는 것이므로 외형만 그럴듯하게 갖추었다 한들 그 내면에 정신이 결여되어 있다면 위선적이고 불쾌한 인상을 줄 뿐이다. 예를 들어 인격이 천박한 사람이 말로는 고상한 척하고 인사나 행동만 얌전하게 해도 결코 품위 있어 보이지 않으며, 더 천박함만 눈에 띈다. 그러므로 위에서 말한 조건들은 어디까지나 부차적일 뿐이며, 진정으로 품격 있는 글을 쓰기 위해서는 그에 걸맞은 정신을 먼저 함양해야 한다. 그리고 그 정신이란 결국 우아한 마음을 체득하는 것으로 귀결된다.

나는 이미 이 책의 55쪽에서 58쪽에 걸쳐 국어와 국민성의 관계를 논하면서, 일본인은 대체로 수다스럽지 않고 사물에 대한 판단을 속으로 하며, 열인 것을 일곱이나 여덟쯤으로 여기고, 남에게도 그렇게 보이려는 버릇이 있다. 이러한 기질은 동양인 특유의 내향적인 성격에서 비롯된 것으로 일본인은 이를 겸양의 미덕으로 여겨 왔다고 말한 바 있다. 이와 관련해 여러분은 그 말을 다시 한번 떠올려 보길 바라는데, 내가 말하는 우아한 정신이란 바로 일본인의 내향적인 성격, 동양인의 겸양의 미덕과 깊이 연관되어 있다는 것을 의미한다. 서양에도 겸양이라는 도덕은 있지만, 그들은 자기 존엄성을 강하게 주장하며 남보다 앞서기 위해 자신을 과감히 드러내는 기풍이 있다. 그들은 운명이나 자연, 역사의 법칙에 대해 혹은 황제나 위대한 존재 앞에서도 일본인처럼 겸양하지 않으며 지나친 겸양을 부끄러이 여기고 비굴하게 여긴다. 자신의 생각과 감정, 관찰을 표현할 때에도 있는 그대로 모두 드러내야 한다는 관념이 강해, 아무리 많은 말을 쏟아내도 여전히 부족한 듯 끝내 아쉬워하는 모습을 보인다. 그러나 동양인 특히 일본인과 중국인은 예로부터 그와는 반대였다. 일본인은 운명에 맞서기보다는 순응함으로써 마음의 평안을 얻었고, 자연을 순종의 대상으로 삼았을 뿐 아니라 벗처럼 사랑했다. 우리는 물질에 집착하지 않으며 나이나 학식, 신분, 경력 등이 자신보다 나은 사람을 당연히 존경해 왔다. 이 때문에 가급적 옛 전통을 따르고 옛 성현의 말과 행실을 규범으로 삼아왔다. 설령 자신만의 생각을 펼쳐야 할 때에도 그 생각을 자신의 것으로 내세우기보다는 옛 사람의 말을 인용하거나 선례를 들며 되도록 '나'를 드러내지 않으려 했고, 과거의 위대한 사람들 속에 숨어서 '자신'의 생각을 표현했던 것이다. 그래서 우리는 말이나 글에서도 자신의 판단이나 감상을 전부 드러내지 않고, 다소 모호한 표현을 남겨 두는 방식을 즐겨왔기에 이러한 내향적 성격이 일본인의 언어나 문장에도 고스란히 반영되어 발전해 왔다. 즉 우아함이란 자신을 비우고, 하늘과 자연 그리고 사람을 공경하는 겸허한 자세에서 비롯되며, 그로부터 자신의 뜻을 절제해 표현하려는 태도가 생겨나 품격과 예의는 결국 이와 같은 우아한 정신의 한 갈래에 지나지 않는다.

하지만 오늘날 우리는 이러한 겸양과 예의를 점점 잃어

가고 있다. 서양에서 들어온 사상과 생활양식이 우리의 도덕관에 커다란 변화를 일으켰기 때문인데 물론 그것이 전적으로 나쁜 일은 아니다. 만약 우리가 과거처럼 소극적이고 내향적인 태도만 고수했다면 오늘날처럼 발전한 과학 문명 속에서 도태되었을 것이다. 그런 점을 생각하면 우리는 서양인의 적극성과 진취성에서 배울 점이 많다. 그러나 동시에 우리의 민족성과 언어의 특성은 오랜 역사에 의해 형성된 것이며, 그것을 하루아침에 바꾸는 것은 불가능에 가깝고 억지로 바꾸려 한다면 부작용만 커질 뿐이다. 우리는 우리의 방식 나름의 미덕이 있다는 사실을 잊지 말아야 한다. 겸손하고 절제하는 태도를 비굴함으로 오해해서는 안 되며, 오히려 일본인의 내향성은 진정한 용기와 재능, 지혜 그리고 담대함이 깃들 수 있는 토양이다. 내면이 풍요롭고 강한 사람일수록 겉으로는 절제된 모습을 보인다. 절제란 곧 긴장과 충만함을 내포한 아름다움이다. 우리 사회에서 말 잘하고 토론을 잘하는 사람만이 뛰어난 인물로 평가받지 않는 이유도 여기에 있다. 정치가든 학자든 군인이든 예술가든 진정한 인재일수록 과묵하며 자신의 능력을 드러내기보다는 감춘다. 시대와 사람을 잘못 만나 재능을 펼치지 못하고 묻히는 경우에도 크게 불만을 표하지 않고 도리어 그 편이 더 편하다고 여긴다. 이러한 국민성은 예나 지금이나 크게 다르지 않다. 오늘날 서구적 사고와 문화가 사회를 이끄는 듯하지만, 국가의 운명이 걸린 중대한 순간에는 결국 전통적인 동양적 가치관을 지닌 인물이 앞장서는 경우가 많다. 그러므로 우리는 서양의 장점을 받아들이는 동시에 옛 조상이 남긴 "훌륭한 상인은 재물을 드러내지 않는다"는 격언처럼 고결한 마음가짐을 잊어서는 안 된다.

이야기가 다소 옆길로 새는 듯 보일 수 있지만, 글의 품격에 관련된 정신적 요소를 설명하려면 이 정도까지 거슬러 올라가 논하지 않으면 안 된다. 여기서 여러분께 특히 강조하고 싶은 점은 일본어에는 간과할 수 없는 하나의 중요한 특징이 있다는 것이다. 그것은 바로 일본어가 전체적으로 단어의 수가 적고 어휘가 빈약하다는 단점이 있음에도, 자신을 낮추고 상대를 높이는 표현, 즉 예의와 겸양을 나타내는 표현만큼은 놀라울 정도로 풍부하며, 세계 어떤 언어와 비교하더라도 더 복잡하고 정교하게 발전했다는 점이다. 예를 들어, 1인칭 대명사만 봐도 다음과 같은 표현이 존재한다. わたし^나, わたくし^저, 私儀^{저는}, 私共^{저희}, 手前共^{소인들}, 僕^나, 小生^{소생}, 迂生^{소인}, 本官^{본관}, 本職^{본직}, 不肖^{불초} 등의 실로 다양한 표현이 있다. 2인칭 대명사도 마찬가지로 あなた^{당신}, あなた様^{귀하}, あなた様方^{귀하들}, あなた方^{여러분}, 君^너, おぬし^{자네}, 御身^{귀하}, 貴下^{귀하}, 貴殿^{귀하}, 貴兄^{형님}, 大兄^{존경하는 형님}, 足下^{당신}, 尊台^{귀하} 등 상대방의 신분과 관계에 따라 섬세하게 구별된다. 또한 명사, 동사, 조동사 등에도 높임 표현의 구별이 뚜렷하다. 앞서 설명한 강의체, 병어체, 구상체, 회화체 등 문체의 유형 차이도 이러한 언어적 배려에서 비롯된 것이다. 예를 들어 '이다^{である}'라는 표현도, 입니다^{です}, 입니다^{であります, 격식 갖춘 문어체}, 이십니다^{でございます}, 이옵니다^{でござります}와 같이 상황과 상대에 따라 달라진다. 또한 '하다^{する}'라는 동사도 하시다^{なさる}, 되시다^{される}, 되시나이다^{せられる}, 하시다^{遊ばす} 등 여러 가지 높임 표현이 있으며 간단한 긍정 대답인 '네^{はい}'조차도 상대가 윗사람일 경우 '네에^{へい}'로 바뀐다. 이뿐만 아니라 천황의 행차^{行幸}, 황족의 행차^{行啓}, 천황의 어람^{天覧}, 황족의 어람^{台覧} 등 황실이나 귀족의 전용 표현도 존재한다. 이러한 명사나 동사 사용은 외국어에도 없지 않지만, 일본어처럼 세분화되어 품사 전반에 걸쳐 정교하게 구별된 언어는 드물다.

오늘날에도 이 같은 언어적 구별이 계속 남아 있는 것을 보면 과거에는 그 기준이 훨씬 더 엄격했음을 알 수 있다. 남북조 시대나 아시카가^{足利} 시대, 전국 시대처럼 나라의 질서가 무너지고 힘이 모든 것을 결정짓던 시대에도 농민은 무사에게, 부사는 다이묘^{大名}에게, 다이묘는 귀족이나 쇼군^{将軍}에게 각각 적절한 경어를 철저히 사용했다. 거친 언사를 사용하는 일은 거의 없었으며 당시의 전쟁 이야기나 공문서 등에서도 이를 확인할 수 있다. 아무리 용맹한 무사라도 이러한 예법에 어두운 사람은 치욕스러운 인물로 간주되었다. 이러한 점을 고려할 때 일본인만큼 예절을 중시하는 민족은 드물며 따라서 일본어도 그 국민성을 그대로 반영하고 있다는 점을 알 수 있다.

이제부터 이와 관련하여 몇 가지 항목에 대해 조금 더 구체적으로 설명하고자 한다. 그 첫 번째가 바로 다음 항목이다.

1. 말이 많고 장황한 표현을 삼갈 것

앞서 언급한 것처럼 '사물을 절제한다' '내적으로 판단한다'와 동일한 맥락으로 조금 더 구체적으로 말하자면 다음 두 가지 요소로 나눌 수 있다. 첫째, 지나치게 분명히 말하지 않는 것과 둘째, 의미의 연결에 틈새를 두는 것이다.

첫째, 지나치게 분명히 말하지 않는 것

오늘날에는 모든 것을 과학적으로 정확하게 서술하는 경향이 강하며 문학에서도 사실주의나 심리 묘사가 중시되면서 보고 느낀 것을 되도록 꼼꼼하고 생생하게 있는 그대로 묘사하는 것이 환영받고 있다. 그러나 우리의 전통적인 미의식으로 볼 때, 이러한 표현 방식은 반드시 고상하다고 보기는 어렵다. 대부분의 경우 묘사는 어느 정도까지만 하는 것이 예의에 맞다. 물론 현실을 사실 그대로 완벽하게 묘사할 수 있다면 그 또한 훌륭하겠지만 본래 언어나 문장은 사물을 암시하는 데 그치는 것이므로 효과적인 표현을 위해서라도 말을 아껴 쓰는 것이 현명하다는 점은 이미 여러 번 강조한 바 있다.

우리는 현실을 있는 그대로 드러내는 것을 꺼리며, 사물과 언어 사이에 마치 얇은 종이 한 장을 둔 것 같은 거리감이 있을 때, 우리는 그것을 오히려 품위 있는 표현으로 여긴다. 그래서 옛 문헌을 보면 굳이 말할 수 있는 것도 일부러 에둘러 표현하는 방식이 자주 등장한다. 이러한 예는 고전을 보면 얼마든지 찾아볼 수 있다. 헤이안 시대의 이야기 등에서는 시간이나 장소, 주요 인물의 이름 등을 명확히 밝히지 않는 경우가 흔하다. 예컨대 『이세 이야기伊勢物語』의 모든 토막 이야기는 "옛날 어떤 남자가 있었다"는 문장으로 시작하며, 남자의 이름, 신분, 나이, 거주지 등은 전혀 밝혀지지 않는다. 심지어 여성의 이름도 단순히 '여자'로 표기되는 경우가 많았다. 『겐지 이야기』에 등장하는 기리쓰보桐壺, 유가오夕顔 같은 이름도 실명이 아니라 그 여성이 거주하던 방의 이름이나 연관된 꽃의 이름을 사용한 것인데, 이 작품이 소설이므로 실명을 설정할 수 있었음에도 그렇게 하지 않은 이유는 실명을 밝히면 이야기에 등장하는 여성 인물의 품위를 해치게 되며 문장의 품격이 떨어지기 때문이다. 이 원칙은 남성 인물에도 똑같이 적용된다. 예를 들어 아리와라노 나리히라在原業平는 재오중장在五中将, 스가와라노 미치자네菅原道真는 기타노北野 또는 덴진天神, 관상승^{相丞}으로, 미나모토노 요시쓰네^{源義経}는 온조시^{御曹司}, 구로판관^{九郎判官}, 원정위^{源廷尉} 등으로 불렸으며, 후지와라노 가네자네^{藤原兼実}는 월륜관백^{月輪関白}이라 불렸다. 직위, 관직명, 거주지나 저택 이름 등을 통해 인물을 간접적으로 드러낸 것이다. 이러한 표현 방식은 감정이나 풍경을 묘사할 때에도 '얇은 종이 한 장의 거리를 둔다'는 기분으로 동일하게 적용되었으며 아무리 진실을 중시하더라도 너무 솔직한 표현은 마치 사람들 앞에서 종아리나 허벅지를 드러내는 것과 같이 부끄러운 일로 여겨졌다.

사실 일본 역사에서 오랫동안 '말로 하는 언어'와 '글로 쓰는 언어'가 뚜렷이 구분되었던 것은 '얇은 종이 한 장의 거리'라는 마음가짐이 작용한 결과였을 것이다. 구어는 현실을 그대로 표현하므로 자칫하면 수다스럽게 흐르기 때문에, 문어의 품위를 유지하기 위해 절제된 거리감이 필요했다. 하지만 현대에 들어와 구어와 문어 사이의 거리감이 많이 좁아졌을 뿐만 아니라, 특히 문어에는 서양식 문법과 표현 방식이 혼입되면서 오히려 구어보다도 더 섬세하고 정확한 표현이 가능해졌다. 예를 들어 우리는 일상 대화에서 시제나 격조사를 명확히 사용하지 않지만 문어에서는 철저히 지켜진다. 그러므로 오늘날 우리가 사용하는 구어체 문장은 실제 구어 그대로가 아니며, 서양어 번역투와 일본어가 혼합된 형태에 가깝다고 볼 수 있다. 그에 반해 실제 구어는 점차 서양적 요소가 스며들고 있지만 여전히 일본어 본래의 특색을 어느 정도 유지하고 있다. 나는 이런 점을 고려해 문법에 얽매이지 말 것을 권하고, 회화체의 사용을 장려하는 것이다. 물론 지금에 와서 고전 일본어 문장和文이나 화한혼교문을 실용적으로 적용하는 것은 현실적으로 어려우나, 그 고전적 문장이 지녔던 우아한 정신, 대범함, 정취 있는 표현 방식은 얼마든지 현대 문장에도 도입이 가능하여, 이를 통해 문장의 품격을 높이는 일은 마음만 먹으면 얼마든지 가능하다.

마지막으로 덧붙이고 싶은 것은 현실을 흐릿하게 표현하는 것과 허식적으로 표현하는 것을 혼동해서는 안 된다는 점이다. 말할 필요도 없이 정직하고 소박한 표현은 글을 쓰는 데 중요한 덕목이다. 현실에서 멀어진 아름다운 단어와 화려한 한자어를 늘어놓는다고 해서 결코 고상한 문장이 되는 것은 아니다. 박학다식을 자랑하며 어려운 한자어를 사용하는 것보다 소박한 구어 표현이 더 큰 품격을 느끼게 해주는 경우도 많다. 게다가 오늘날은 간결성과 실용성이 중시되는 시대이기 때문에 과거의 문체를 그대로 따라 하면 부자연스럽고 우스꽝스러워 보일 수 있다. 진정한 품격이란 억지로 드러내는 것이 아니라 자연스럽게 배어 나오는 것이며, 지나친 고상함을 의식하는 태도야말로 진정한 고상함을 해치는 일이다. 절제라는 미덕 역시 그 적정선을 아는 것이 핵심이며, 이것은 말로 설명하기 어려운 영역으로 결국 앞서 이야기한 우아한 정신을 몸소 익히는 것 외에는 다른 방법이 없다.

둘째, 의미의 연결에 틈새를 두는 것

이 역시 표현을 절제하고 사물의 윤곽을 흐릿하게 보이게 하려는 하나의 수단이다. 이러한 '틈새間隙'라는 개념을 이해하기 위해서는 49쪽에서 언급했던 옛날 서간문인 소로분의 쓰임새를 살펴보는 것이 좋다. 그래서 그 예를 아래에 소개하겠다.

> 그 후로는 소식이 끊겨 안부조차 제대로 전해드리지 못했습니다. 평소 마음속에 늘 '히라쓰카' 네 글자가 자리 잡고 있었지만, 어느새 세월이 흘러가고 말았습니다. 그 사정은 이미 들으셨으리라 생각합니다. 다시 고향으로 노모 맞이하러 꽃 속을 힘차게 내달려 요도淀에서 곧장 아라시야마산으로 향했으며 아직 만나지 못한 아내와 아이들의 얼굴 위로 흩날리는 꽃의 향기를 느끼며, 그 후로 오무로御室, 히라노平野, 치온인知恩院을 차례로 둘러본 뒤 곧장 이세로 향했습니다. 술잔을 기울이며 깃발 아래에서 누군가를 배웅하고, 새들의 지저귐과 봄의 기운이 어우러진 평화로운 정경을 음미하며, 아내와 아이를 데리고 노모를 모시고 함께 길을 나섰습니다. 이는 유랑민이 아니라 자유롭게 흘러 다니는 사람의 모습이라 할 수 있겠습니다. 이렇게 지내다 보니 다시 교토로, 여전히 마음은 구름 속에 가려진 듯하여 어느 쪽에도 소식을 전하지 못했습

니다. 오늘 후시미에서 서찰과 함께 염장 오리 요리를 보내와 노모를 위해 준비한 것이 변변치 않았던 터라 큰 도움을 받은 셈입니다. 부재중에 이타미伊丹 술 드리지 못했습니다. 이번에도 넉넉히 준비되어 심부름꾼 편에 드리려 했으나 병중이신 데다 혹시 금기할 음식이 될까 염려되어 삼갔습니다. 언제든 사람을 보내셔서 가지러 오시면 그릇을 함께 보내주시기 바랍니다. 이쪽에서 보낸 그릇은 돌려줘야 하는 걱정을 드리니 부디 건강을 속히 빌 것이라 줄이고 오늘도 신령에 공양드리는 일로 바삐 맺습니다.

이 편지는 라이 산요賴山陽가 히라쓰카平塚라는 친구에게 보낸 것으로, 어느 날 히라쓰카로부터 심부름꾼이 편지와 염장 오리 요리를 전해왔을 때 이에 대한 답신으로 쓴 것임을 문장을 살펴보면 알 수 있다. 산요는 당시 문인들 사이에서 서간문 쓰기의 명인으로 평가받았으며, 그 평판은 이 문장 속에서도 유감없이 드러난다. 이러한 문장의 묘미는 어디에 있는가 하면, 바로 앞서 언급한 틈새, 즉 의미의 연결이 의도적으로 생략된 부분에 있다. 다시 말해 문장 곳곳에 작가가 의도한 비워둔 구멍이 존재한다. 바로 이 구멍이야말로 독자에게 상상력을 자극하며, 문장을 더욱 매력적으로 만드는 요소가 된다. 이제 다음으로는 원문에 나타난 이러한 의미의 빈틈을 보다 명확히 설명하기 위해 그 생략된 부분인 구멍을 보충해 가며 설명하고자 한다. 괄호 안의 내용은 원문에는 없으며 이해를 돕기 위해 내가 임의로 보완한 것이다.

    그 후로는 소식이 끊겨 안부조차 제대로 전해드리지 못했습니다. 평소 마음속에 늘 '히라쓰카' 네 글자가 자리 잡고 있었지만, 어느새 세월이 흘러가고 말았습니다. (하지만 뭐) 그 사정은 이미 들으셨으리라 생각합니다. (실은 그간) 다시 고향으로 노모(를) 맞이하러 (다녀와서) 꽃 속을 (때 맞추듯) 힘차게 내달려 요도淀에서 곧장 아라시야마산으로 향했으며 아직 만나지 못한 아내와 아이들의 얼굴 위로 흩날리는 꽃의 향기를 느끼(면서), 그 후로 오무로御室, 히라노平野, 치온인知恩院을 차례로 둘러본 뒤 곧장 이세로 향했습니다. (이는 참으로) 술잔을 기울이며 깃발 아래에서 누군가를 배웅하고, 새들의 지저귐과 봄의 기운이 어우러진 평화로운 정경을 음미하며, 아내와 아이를 데리고 노모를 모시고 함께 길을 나섰습니다. 이는 유랑민이 아니라 자유롭게 흘러 다니는 사람의 모습이라 할 수 있겠습니다. 이렇게 지내다 보니 다시 교토로 (돌아왔지만), 여전히 마음은 구름 속에 가려진 듯하여 어느 쪽에도 소식을 전하지 못했습니다. (이와 같은 사정인 것입니다. 그런데) 오늘 후시미에서 서찰과 함께 염장 오리 요리를 보내와 (주셔서 마침) 노모를 위해 준비한 것이 변변치 않았던 터라 큰 도움을 받은 셈입니다. (더욱이 또한 엊그제 제가) 부재중에 이타미伊丹 술(을 가지러 오셨다고 하는데) 드리지 못했습니다. (그 이타미의 술이라면) 이번에도 넉넉히 준비되어 (있어서) 심부름꾼 편에 (전해) 드리려 했으나 병중이신 데다 혹시 금기할 음식이 될까 염려되어 삼갔습니다. (그러나) 언제든 사람을 보내셔서 가지러 오시면 (드리겠으니 이번 기회에 심부름꾼에게) 그릇을 함께 보내주시기 바랍니다. 이쪽에서 보낸 그릇은 돌려줘야 하는 걱정을 드리니 (수고가 되신다고 생각합니다) 부디 건강을 (잘 돌보시고) 속히 뵐 (수 있을) 것이라 (생각합니다만 이것으로) 줄이고 오늘도 신령에 공양드리는 일로 (분주하여 실례합니다) 바삐 맺습니다.

산요의 다른 짧은 서간문을 하나 예로 들어보자.

멀리서 소식을 전합니다. 춥던 봄 날씨도 제법 풀렸습니다만, 어떻게 지내고 계신지요? 『육서통六書通』*을 잠시 다시 빌리고 싶습니다. 요즘 다시 흥미**가 생기고 있습니다. 언젠가 빌렸던 벼루는 애지중지하며 사용하고 있습니다만, 그것만큼 않더라도 그보다 조금 작은 크기로 하나 더 구하고 싶습니다. 아실지 작은 가죽 상자가 있어 그 안에 넣어 벼루 상자로 삼고자 합니다. 서첩용 벼루는 들어가지 않으니 그 점을 염두에 두어주시기 바랍니다. 수정水晶 또한 매일 매화 꽃병 아래에 두고 감상하며 즐기고 있

---

* 전각가가 사용할 수 있는 사전.
** 전각(篆刻)에 대한 흥미.

습니다.

이 서간문은 앞에 소개한 편지보다 훨씬 더 대담하게 의미의 연결이 생략되어 있어 문장과 문장 사이에 상당한 틈새가 존재하며, 그 틈을 보완해 의미를 풀어내보면 대략 다음과 같이 재구성할 수 있다.

(이번에는) 멀리서 소식을 전합니다. 춥던 봄 날씨도 제법 풀렸습니다만, (그동안 귀하께서는) 어떻게 지내고 계신지요?『육서통六書通』을 잠시 다시 빌리고 싶습니다. (이런 말씀을 드리는 이유는) 요즘 다시 흥미가 생기고 있습니다. (그 때문에 말씀드리자면) 언젠가 빌렸던 벼루는 애지중지하며 사용하고 있습니다만, 그것만큼 (훌륭하지) 않더라도 그보다 조금 작은 크기로 하나 더 구하고 싶습니다. (귀하께서는) 아실지 (모르겠으나 소생의 수중에) 작은 가죽 상자가 있어(서) 그 안에 넣어 벼루 상자로 삼고자 합니다. (이 때문에) 서첩용 벼루는 들어가지 않으니 (그렇다 해도 작은 벼루가 있으시다면) 그 점을 염두에 두어주시기 바랍니다. 수정水晶 또한 매일 매화 꽃병 아래에 두고 감상하며 즐기고 있습니다.

두 편의 인용문을 곰곰이 음미해보면, 내가 말한 '틈새'의 의미와 그것이 문장의 품위와 여운을 어떻게 도와주는지를 이해할 수 있을 것이다.

서간문은 기본적으로 개인과 개인 사이에 주고받는 것이기 때문에 서로 알고 있는 사실에 대해서는 굳이 하나하나 설명하지 않아도 되며, 그렇기에 생략의 여지가 많다. 그러나 불특정 다수를 상대로 한 문장이라 해도 고전 문장에서는 이런 식의 틈새가 자주 발견된다. 예를 들어 앞서 언급한 아키나리秋成나 사이카쿠西鶴의 문장을 자세히 살펴본다면, 방금 산요의 서간문에서 봤던 것과 같은 수많은 '구멍'이 곳곳에 있다는 사실을 깨닫게 될 것이다.

현대 구어문이 고전문에 비해 품위가 부족하고 우아한 맛이 떨어지는 이유 중 하나는 바로 이 '틈새를 두는 일' '구멍을 일부러 만드는 일'을 현대의 글 쓰는 사람들이 감히 시도하지 않기 때문이다. 그들은 문법적 구조나 논리적 정리에 얽매여 서술을 반드시 이치에 맞게 전개하려 한다. 그래서 구句와 구, 문장과 문장 사이가 의미상 제대로 연결되지 않으면 불안해하는 경향이 있다. 다시 말해 내가 지금 괄호 안에 보충해 둔 것처럼 그런 구멍들을 모두 메우지 않으면 어딘가 불편하게 느끼는 것이다. 그 결과 '그러나' '하지만' '그렇지만' '그래서' '그럼에도 불구하고' '그 때문에' '그런 까닭에' 같은 과도한 연결어가 난무하게 되면서 오히려 문장의 중후함을 갉아 먹는다.

결국 현대의 문장은 독자에게 지나치게 친절하게 쓰이고 있다. 사실은 그 친절함을 조금 덜어내고 나머지를 독자의 이해력과 상상력에 맡기는 편이 훨씬 더 효과적인 글이 될 수 있다. 언어의 절약에 관련된 내용은 뒤의 「함축에 대하여」에서 다시 설명할 테니 여기서는 이 정도로 마무리하겠다.

2. 언어 사용을 함부로 하지 말 것

예의를 지키기 위해서는 '장황함을 삼가는 것'이 중요하지만, 그렇다고 해서 무조건 말을 생략하는 것이 옳다고 단정 지을 수는 없다. 생략하는 편이 예의에 맞는 경우도 있고, 반대로 생략함으로써 예의에 어긋나는 경우도 있으므로 둘의 구별은 분명히 해 두어야 한다. 중요한 것은 생략해야 할 경우는 별도로 논하더라도, **일단 어떤 말을 사용하기로 했다면 그것을 반드시 정중하고 정식적인 형태로 쓰는 것**이다.

앞서 「용어에 대하여」에서 약어나 생략된 글자의 사용을 삼가야 한다고 말한 것도 바로 이런 이유에서였다. 게다가 요즘 젊은이들 중에는 평소 자신들이 사용하는 **거친 말투를** 아무렇지 않게 그대로 글로 옮겨 적는 일이 자주 있다. 지금 당장 떠오르는 몇 가지 예를 들자면 아래와 같다.

하고 있었다 　してた　　（していた）
-와 같은 것　てなこと　　（と云うようなこと）

시시하다	詰まんない	(詰まらない)
있을 건가	あるもんか	(あるものか)
인 것이다	もんだ	(ものだ)
그러고 나서	そいから	(それから)

위의 예시에서 괄호 안에 적힌 쪽이 정중하고 올바른 표현이다. 물론 이러한 표현이 소설의 대화일 경우 등장인물의 실제 말투를 묘사할 때라면 예외로 삼을 수 있다. 하지만 그와 같은 표현들이 점차 문장의 본문에까지 퍼져 대화 이외의 지문에까지 유행처럼 쓰이게 된 것은 매우 유감스러운 일이라 하지 않을 수 없다.

전반적으로 입으로 말할 때조차 지나치게 거친 말투를 사용하는 것은 듣기에 거북하고 감동을 주기 어렵다. 오늘날에는 도쿄 말이 표준어로 간주되고 있지만, 진정으로 품위 있는 도쿄 사람이라면 일상적인 대화에서도 비교적 정확하고 또렷한 말씨를 유지하고 있다.

예를 들어 최근에 조사를 생략하는 말투가 유행하고 있어, 다음과 같은 표현을 사용하는 젊은이들을 자주 보게 된다.

나 그런 거 몰라. 僕そんなこと知らない。
너 그 책 읽은 적 있어? 君あの本讀んだことある?

그러나 도쿄 사람은 예전부터 조사를 거의 생략하지 않았다. 심지어 서민들이 사는 오래된 지역인 시타마치下町의 장인이나 상인들이 다소 거친 말투를 쓸 때조차도 조사 '는/은は'이나 '을/를を'에 해당하는 소리를 정확하게 남기고 발음했다. 예를 들면 '나는らは'을 의미하는 '오노레와'를 '오라아おらあ'로, '왓시와ヮッしは'를 '왓샤아ヮッしゃあ'로, '무엇을'을 의미하는 '나니오何を'를 '나뇨ーなにょー'로, 입안에서 조사들을 하나하나 빠뜨리지 않고 정확히 발음하고 있다.

위의 두 가지 학생 말투를 도쿄 장인의 말투로 바꾸어 보면 다음과 같다.

내가 그딴 것을 알 리 있냐.己あそんなこたあ知らねえ。
너가 그 책을 읽은 적이 있겠냐.お前はあの本を讀んだことがあるけえ。

이처럼 거칠게 들리는 말투라 해도 조사만큼은 생략하지 않는다. 다만 '너' 다음에 나오는 '는'처럼 일부 조사가 생략되는 경우가 있을 수 있지만, '나는' '것은' '그 책을' '읽은 적이'처럼 핵심적인 조사는 절대로 생략되지 않는다. 만약 조사를 생략한다면 유치한 어린아이가 말을 배우는 듯한 어색함을 주게 된다. 나는 도쿄 토박이로서 이에 대해 자신 있게 말할 수 있다. 이러한 점을 생각할 때, 오늘날 이른바 모던 보이나 모던 걸이라 불리는 사람들이 쓰는 말투는 실상 도쿄 장인들의 말투보다 뒤떨어진다고 할 수 있다. 더구나 그런 말투를 쓰는 이들은 도쿄 출신이 아니라 도쿄 사람을 흉내 내는 지방 출신 청년들인 경우가 대부분이다. 아무튼 그런 말투가 내게는 세련되어 보이기는커녕 촌스럽게 느껴질 따름이다.

사실주의를 중시하는 소설가라면 젊은 남녀의 실제 대화를 묘사할 때, 취향의 고상함이나 저속함을 따질 여유가 없을지도 모르지만, 때때로 소설가는 현실보다 앞서가는 경우가 있다. 그로 인해 소설 속 대화 방식이 실제 대화의 본보기가 되어, 그 표현 방식이 세상에 유행처럼 퍼지는 일도 종종 일어난다. 이러한 영향력을 생각해 볼 때, 소설가가 대화를 묘사할 때는 적어도 표현에 '얇은 종이 한 장의 거리'를 두는 듯한 절제와 배려가 필요하다고 생각한다.

3. 경어와 존칭을 소홀히 하지 말 것

경어에 대해서는 앞에서 간략히 언급한 바 있지만, 이제는 경어가 일본어의 표현 방식과 얼마나 밀접하게 연결되어 있는지를 보다 분명하게 설명하고자 한다.

먼저 『겐지 이야기』 「우쓰세미空蟬」권의 서두 부분을 살펴보자.

잠들지 못하신 채로, 나는 이렇게 남에게 미움받는 일에 익숙하지 않았지만, 오늘 밤 처음으로 세상이 이다지도 괴로운 것임을 깨달았기에, 부끄러워 견딜 수가 없어, 더는 살아갈 수 없다고 생각하게 되었다고 말씀하시니, 눈물까지 흘리며 엎드렸다. 참으로 사랑스럽게 느껴지셨다.

『겐지 이야기』의 저자는 이처럼 한 권의 시작부터 주격을 생략하는 표현을 자주 사용한다. 예를 들어 여기서는 "잠들지 못하신 채로"부터 "눈물까지 흘리며 엎드렸다"까지가 한 문장이며, 그다음 문장인 "참으로 사랑스럽게 느껴지셨다"는 별개의 문장으로, 앞 문장에는 두 개의 주격이 생략되어 있다. 즉, "잠들지 못하신 채—더는 살아갈 수 없다고 생각하게 되었다고 말씀하시다"라는 자는 겐지源氏이고, "눈물까지 흘리며 엎드렸다"라는 자는 시종인 고기미小君다. 그리고 이어지는 "참으로 사랑스럽게 느껴지셨다"라는 자는 다시 겐지의 행동이다. 그렇다면 이러한 주체의 구별은 어디서 가능해지는가? 바로 경어 동사나 경어 보조동사의 사용 여부에서 확인할 수 있다. 겐지의 행동을 서술한 부분에서는 "잠들지 못하신" "말씀하시다" "느껴지셨다"처럼 경어가 사용되며, 시종의 행동을 나타낸 "엎드리다"는 경어 없이 표현되어 구별이 가능하다.

비슷한 점은 라이 산요의 서간문에서도 찾아볼 수 있다.

앞서 인용한 두 통의 편지에는 '소생'이나 '귀하' 등 1인칭이나 2인칭 대명사가 전혀 등장하지 않는다. 그럼에도 글을 읽는 이는 누가 말하고 있고, 누구에게 말하고 있는지를 혼동하지 않는다. 왜냐하면 상대방의 동작을 언급할 때는 '들어주시다' '지내시다' '지시하시다' '보내주시다' '소지하시다' 등과 같은 존경 표현을 쓰고, 자신의 동작을 말할 때는 '입니다' '말씀드리다' '빌리고자 하다' '하옵나이다' 등 겸양 표현을 사용했기 때문이다. 더욱이 예전의 편지글에서는 자신이 '머무르다'고 할 때 '머물다'라고 하고, 상대방의 '머무르다'는 '들어가시다' '나가시다' '외출하시다' '계시다' 같은 표현을 사용하여 경어의 층위를 명확히 구별했다. 이처럼 동작의 주체에 따라 경어 동사와 보조동사를 구분해 사용하는 방식은 얼핏 보기에 매우 번거로운 절차처럼 느껴지지만, 실제로는 불필요한 말을 생략할 수 있는 편리한 문법적 장치이기도 하다. 결과적으로 문장의 군더더기를 줄이고 구조를 유연하게 만들어 주기 때문에 복잡한 내용도 정제된 형태로 표현할 수 있다. 무엇보다 예의 차원에서도 존경받는 인물의 이름이나 대명사를 경솔하게 드러내는 것은 바람직하지 않다. 예컨대 '행행行幸'이나 '행계行啓'라는 단어는 천황이나 황족의 실제 이름을 직접 언급하지 않고 간접적으로 말하는 방식에서 비롯된 것이다. 따라서 경어의 동사와 보조동사를 사용하면 주어를 생략할 수 있고, 그 결과 문장이 복잡해지지 않으면서도 구조가 복잡한 긴 문장을 구성할 수 있게 된다.

라틴어는 동사의 어미 변화만으로도 주어를 판별할 수 있는 언어라고 한다. 이 점을 고려해보면, 일본어의 경어 동사나 보조동사 역시 단지 형식적인 예의를 갖추기 위한 도구에 머물지 않고 주어를 알리는 기능을 수행하는 것이다. 이러한 경어의 기능은 앞서 「어조에 대하여」의 '유려한 어조의 문장'에서 『겐지 이야기』 「스마」편의 한 구절을 두 가지 현대어로 번역해 비교한 내용을 다시 떠올려보면 더 잘 이해할 수 있을 것이다. 더불어 앞서 인용했던 「우쓰세미」권의 구절이나 라이 산요의 서간문을 통해서도 알 수 있듯이 경어의 활용은 문장의 미감이나 구성 방식과 매우 깊이 연결되어 있다. 경어를 무시하고서는 훌륭한 일본어 문장을 구성할 수 없다. 다시 말해 경어 동사 및 보조동사는 일본어 특유의 아름다운 문장을 구성하는 데 없어서는 안 될 중요한 요소다.

오늘날 계급 제도가 점차 폐지되고 사회가 평등화되면서 복잡하고 번잡한 경어 표현은 현실적인 실용성에서 점점 멀어지고 있지만 그렇다고 해서 경어가 완전히 사라진 것은 아니다. 마치 대례복이 군례복이 되고, 그것이 예복으로, 예복이 관복으로, 관복이 서양식 정장으로 변천해 오더라도, 예의를 중시하는 한 경어 사용은 이어지고 있으며 앞으로도 쉽게 사라지지 않을 것이다. 실제로 우리는 지금도 일상적인 대화에서 옛 문어 표현과 유사한 경어 동사와 보조동사

를 무의식중에 사용하고 있다. 예를 들어 '말하다'를 존대할 경우 '말씀하시다' '말씀하십니다'라고 하고, 자신을 낮추어 말할 때는 '아뢰다' '아룁니다' 같은 표현을 쓴다. 또한 '알다'는 '알고 계십니다' '아십니다', '하다'는 '하시다' '하옵니다', '주다'는 '드리다' '주시다' 등으로 구분하여 말한다. 그밖에도 '하시다^{せられる}' '계시다^{おられる}' '오시다^{いらっしゃる}' '하시옵다^{遊ばす}' '해 주시다^{して頂く}' '하도록 해드린다^{させて頂く}' '해 주시다^{して下さる}' '하게 해 주시다^{させて下さる}' 등의 정중하고 복합적인 표현들이 일상 속에서 자연스럽게 상용되고 있고 이러한 표현들을 문어에도 충분히 활용할 수 있지 않을까? 실제로 이러한 유형의 동사와 보조동사는 단순히 정중함을 표현하기 위한 장치가 아니라, 일본어 문장이 가진 구조상의 단점이나 표현상의 제약을 보완하는 데 있어 매우 유용한 언어적 도구다. 만약 이를 무시하고 외면한다면 일본어가 가진 고유한 언어적 미감과 정서적 강점을 스스로 저버리는 셈이 된다.

나는 지금까지 중복을 피하기 위해 동사 및 보조동사에 초점을 맞춰 말했지만, 사실은 모든 존칭어 그리고 품사에 걸친 경어 표현에도 거의 동일한 논리를 적용할 수 있다. 예를 들어 '얼굴'이라는 단어 앞에 '御'를 붙여 '御顔'라고 표현하는 것만으로도 굳이 '당신은'이나 '당신의' 같은 인칭대명사 표현을 생략할 수 있다.* 이처럼 경어는 본질적으로 매우 유용한 언어 표현으로 현대 구어에서는 여전히 사용되고 있지만 정작 문장에서는 잘 쓰이지 않는다. 그 이유는 무엇일까? 아마도 공적인 글에서 개인 감정을 드러내지 않으려는 태도, 즉 과학자처럼 중립적이고 객관적인 서술을 중시하려는 경향에서 비롯된 것이라 생각된다. 과연 엄정하고 차분한 문체를 지향하는 데 있어 바람직한 자세일 수 있다. 그러나 글의 종류에 따라서는 조금 더 친애나 존경의 마음을 담는 편이 좋을 때도 있다. 예를 들어 자녀가 부모나 친척, 선생님에 대해 쓴 글, 아내가 남편에 대해 쓴 글, 종업원이 사장에 대해 쓴 글, 혹은 사소설처럼 개인의 경험과 감정이 투영되는 글에서는 경어의 사용이 글의 품격을 높이는 데 보다 효과적이다. 참고로 이 책에서 내가 여러분에게 일정 수준의 경어를 사용하고 있는 것도 바로 그런 이유에서다.**

덧붙여 이 기회에 한 가지 강조해 두고 싶은 점은 다음과 같다. **적어도 여성이라면 그런 방식으로 글쓰기에서도 여성다운 표현 방식에 주의를 기울이는 것이 좋지 않을까** 한다. 남녀평등이란 여성에게 남성적인 표현 방식을 강요하는 것이 아니며, 게다가 일본어 문장은 글쓴이의 성별이 드러나는 언어이기 때문에 여성 작가의 글에는 여성 특유의 부드러움과 정서가 담

---

*　　일본어에는 존칭을 나타내는 접두어 '御'가 있는데 오(お) 또는 고(ご)로 발음된다. 예를 들어 '이름(名前)' 앞에 오(お)를 붙이면 '성함(お名前)'과 같은 높임말 표현이 된다.
**　　이 책의 원문은 '-입니다'체, 정중한 표현으로 쓰여 있다. 번역은 '-이다'의 보통체로 했다.

겨 있어야 한다고 생각한다. 예를 들어 남학생이라면 '아버지가 말했다' '어머니가 말했다'라고 써도 무방하지만 여학생이라면 '아버님께서 말씀하셨다' '어머님께서 말씀하셨다'라고 쓰는 편이 자연스럽다. 이러한 표현을 자연스럽게 사용하기 위해서 여성은 가능하면 강의체 문장을 지양하는 편이 좋다. 강의체는 경어 표현과 잘 어울리지 않으며 문체 자체가 강하고 단정적인 인상을 주기 때문에 여성의 부드러운 정서나 섬세함을 담기 어렵다. 대신 병어체, 구상체, 회화체 중 하나를 선택하여 글을 쓰는 것이 보다 적절하다. 이는 개인적인 편지나 일기와 같은 사적 글쓰기뿐 아니라 실용문, 감상문, 나아가 일부 논문이나 창작물에서도 마찬가지다. 글의 주제나 독자층에 따라 다르겠지만 여성다운 문체를 사용하는 것은 단순한 취향의 문제가 아니라 문장의 분위기와 인상을 결정짓는 중요한 요소가 될 수 있다. 사실 『겐지 이야기』는 일종의 사실주의 소설임에도 불구하고 작자 무라사키 시키부는 귀족을 서술할 때조차도 지문에서 경어를 사용하고 있으니 반드시 과학자처럼 냉정한 시선을 유지하지는 않았다. 그러나 그렇다고 해서 그 작품이 예술성을 잃은 것은 아니며, 오히려 여성 작가의 손에서 탄생한 작품답게 우아하고 섬세한 분위기를 잘 유지하고 있다. 그러한 문체가 당시의 '말하는 대로 쓴 문체'였다는 사실은 다시 한번 생각해 볼 가치가 있다.

함축에 대하여

　함축이라는 것은 앞서「품격에 대하여」에서 말한 '장황함을 삼가는 것'과 같은 개념에 속한다. 다시 말해 '첫째, 지나치게 분명히 말하지 않는 것' '둘째, 의미의 연결에 틈새를 두는 것' 이 두 가지가 곧 함축이라는 것이다. 그런데 같은 내용을 항목을 바꾸어 다시 설명하는 이유는 앞에서는 예절의 관점에서 다루었고, 여기에서는 표현의 효과라는 측면에서 논의하고자 한다. 이처럼 반복해서 설명하는 것도, 바로 이것이 일본어 문장의 핵심이자 이 책 전체가 말하자면 **함축**이라는 하나의 주제를 관통하고 있기 때문이다.

　우선 한 가지 예를 들어보겠다. 몇 해 전, 나는 일본 문학을 연구하는 러시아인 두세 명과 함께 식사를 한 적이 있었다. 그 자리에서 나온 이야기 중 하나는 최근 러시아에서 내 희곡「사랑하기에愛すればこそ」를 번역하는 사람이 있다는 것이

었는데, 그가 첫 번째로 부딪힌 문제는 제목의 번역이었다고 한다. 문제는 이 '사랑하기에'라는 표현에서 도대체 누가 사랑하는지 주체가 불분명하다는 것이었다. '내가 사랑하는 것인가?' '그녀가 사랑하는 것인가?' 아니면 '세상의 누군가를 사랑하는 것인가?'처럼 주어를 어떻게 설정해야 할지 알 수 없다는 것이었다.

나는 이렇게 대답했다. "이 희곡의 전개로 볼 때 아마도 '사랑하기에'의 주체는 '나'일지도 모릅니다. 그래서 프랑스어 번역 제목에는 '나'라는 말이 포함되어 있습니다. 그러나 솔직히 말해 그것을 '나'로 한정하면 의미가 더 좁아집니다. '나'일 수도 있지만, '그녀'일 수도 있고 '사람 일반'일 수도 있으며, 혹은 전혀 다른 누군가일 수도 있습니다. 그런 여러 가능성을 남기고 추상적인 여운을 살리기 위해 주어를 생략한 것입니다. 이것이 바로 일본어 문장의 특징입니다. 애매하다고 한다면 애매하지만, 구체성과 동시에 보편성을 함께 담을 수 있으며 하나의 말이나 사건이 속담이나 격언처럼 폭넓고 깊은 의미를 갖는 효과도 있습니다. 가능하다면 러시아어 번역에서도 주어 없이 처리해주시면 좋겠습니다."

이처럼 주어의 생략을 특징으로 하는 일본어 문장의 성격은 사실 한문에서도 자주 나타난다. 한시를 예로 들면 그 점이 더욱 분명하게 드러난다.

牀前看月光。疑是地上霜。
挙頭望山月。低頭思故郷。

이 한시는 이백^{李白}의 오언절구 「정야사^{靜夜思}」로 "침상 앞에 달빛을 보니, 마치 땅 위에 내린 서리 같고, 고개 들어 산 위의 달을 바라보며, 고개를 숙여 고향을 생각한다"로 읽는다. 이 시에는 무언가 영원한 아름다움이 담겨 있다. 보다시피 묘사된 내용은 지극히 간단하여 "자기 침상 앞에 달빛이 비치고 있고, 그 빛이 하얗게 빛나 서리처럼 보이며, 자신은 고개를 들어 산 위의 달빛을 바라보고 그 달빛 아래에서 고개를 숙이고 머나먼 고향을 그리워한다"라는 것뿐이다. 이것은 지금으로부터 천 년 이상 앞선 시대의 '고요한 밤의 사색'이지만, 지금 우리가 읽어도 달빛이 환하게 비치는 침상 앞의 모습, 서리처럼 하얀 땅 위의 빛, 높은 하늘 위 달을 바라보는 시선, 그 달빛 아래에서 고개를 숙이고 고향을 그리워하는 모습이 신비롭게도 눈앞에 선하게 떠오른다. 이 시는 단지 '달빛이 서리처럼 보이고' '고향이 그리워진다'는 단순한 내용인데도 독자에게 자기 자신의 체험처럼 가슴 깊은 울림으로 다가온다. 마치 우리 자신이 그 달빛 속에 앉아 이백처럼 고요히 고향을 떠올리는 것 같은 느낌을 받는다. 이처럼 이 시가 시대를 초월해 오늘날까지도 독자의 마음에 생생하게 살아 있는 이유는 여러 가지가 있겠지만 그중 하나는 주어가 생략되어 있다는 점이고, 또 다른 하나는 시제가 드러나지 않았다는 점이다. 이 두 가지 점이야말로 언어적 함축이 가진 가장 순수한 형태라고 할 수 있을 것이다.

만약 서양의 시였다면 '침상 앞의 달빛을 보니'라는 문장의 주어는 당연히 시인 자신이므로 '나는'이라는 대명사가 삽입되었을 것이다. 또한 '침상' '고개' '고향'이라는 명사 앞에는 '나의'라는 소유격이 붙었을 것이다. 그리고 '보다' '추측하다' '바라보다' '생각하다' 등의 동사들은 아마 과거형으로 표현되었을 것이다. 그렇게 되면 이 시는 단지 어느 날 밤, 어떤 한 사람의 체험에 그치는 것이 되어, 오늘날 우리가 느끼는 매력을 결코 지니지 못했을 것이다. 비록 이 작품은 운문이지만 산문에서도 이와 같은 표현 방식은 자주 쓰이며, 특히 동양 고전에서는 그 예시를 많이 찾아볼 수 있다. 여러분도 이미 앞에서 인용한 여러 예문을 통해 확인하셨으리라 생각한다. 예를 들어 『우게쓰 이야기』의 서두를 보면 "오우사카의 관문을 지나"에서 "마침내 사누키의 미오자카 숲에 다다라"까지의 묘사를 통해, 동쪽으로는 우키시마가하라에서 서쪽으로는 스마를 지나 아카시, 그리고 시코쿠에 이르는 기나긴 여행이 그려진다. 즉, 고대의 문학적 배경을 더듬는 기나긴 여정 묘사임에도 여행자가 누구인지 밝히지 않는다. 또한 '닌안 3년 가을'이라고 시점을 명시했음에도 동사는 현재형이라 시간의 흐름이 분명하지 않다. 바로 그렇기 때문에 독자는 자신이 그 여행자의 입장이 되어 사이교 법사와 함께 명소와 고적을 두루 방문하며, 일본 각지의 와카和歌 명소를 찾는 기분을 느끼게 되는 것이다. 이러한 기법은 현대의 구어체 문장에서도 충분히 응용할 수 있으며, 특히 주격, 소유격, 목적격의 명사와 대명사를 생략하는 편이 자연스럽고 효과적인 경우도 많다. 예를 들어 사소설에서는 '나'가 주인공이라는 사실이 독자에게 자연스럽게 인식되기 때문에 굳이 '나'라는 말을 반복할 필요가 없다. 이러한 방식은 일반 소설에서도 문장의 매력을 한층 더해 줄 수 있으며, 현대 작가 중에서는 **사토미 돈**이 이 기법을 자주 활용한다. 그의 작품집을 보면 『우게쓰 이야기』나 『겐지 이야기』처럼 주어를 두지 않는 서두로 시작하는 글들을 쉽게 찾아볼 수 있다.

다음으로 방금 살펴본 이백의 시에서 또 하나 주목할 점은 시 속에 달빛을 보며 먼 고향을 그리워하는 감정, 즉 애수哀愁가 담겨 있음에도 불구하고 시인은 단지 "고향을 생각한다"라고만 말하고 있다는 점이다. '쓸쓸하다' '그립다' '슬프다' 같은 감정을 직접 표현하지 않는다. 이처럼 감정을 노골적으로 표현하지 않는 것이 옛 시인과 문인들의 멋이었다. 이는 비단 이백에게만 해당하는 것은 아니나, 특히 이 시의 경우 아무런 설명도 하지 않고 단지 '생각한다'고만 썼기에 더 깊은 슬픔이 느껴진다. 만약 여기서 조금이라도 감정을 직접 드러내는 단어가 사용되었더라면 이 시는 그만큼 얕고 단조로운 작품으로 전락했을지도 모른다. 이 점은 배우의 연기를 떠올리면 쉽게 이해할 수 있다. 정말 뛰어난 배우는 기쁨, 분노, 슬픔, 즐거움과 같은 감정을 표현할 때 과장된 동작이나 표정을 사용하지 않는다. 그들은 진지한 정신적 고통이나 격렬한 감정을 표현할 때일수록 오히려 연기를 절제하고 7-8할 정도의 표현에 그치게 만든다. 그쪽이 무대에서 훨씬 큰 효과를 내며, 관객의 가슴을 더욱 강하게 울릴 수 있기 때문이다. 명배우라 불리는 사람들은 모두 이러한 요령을 체득하고 있다. 반면 연기력이 부족한 배우는 얼굴을 찡그리거나 몸부림을 치고, 큰 소리로 울부짖는 식의 과도한 연기를 한다.

따라서 이러한 관점에서 현대 젊은이들의 글을 읽어보면, 말이든 글이든 모든 면에서 지나치게 많이 이야기하고, 많이 설명하고, 많이 써버리는 경향이 두드러진다. 그중 특히 눈에 띄는 점은 **불필요한 형용사나 부사가 지나치게 많다는 것**이다. 지금 내 옆에 있는 여성 잡지 한 권을 펼쳐 기고된 고백체 수기나 실화를 조사해 보았더니 지나치게 많은 단어들이 무분별하게 사용되고 있다는 사실에 깜짝 놀랐다. 다음에는 그중 하나 악문의 예시를 들어 어떤 부분이 불필요하게 낭비되고 있는지를 지적해 보고자 한다.

무엇이든 참고 참으며 병고와 싸우면서 잘 견뎌 왔던 어머니도, 결국 친정으로 돌아가지 않으면 안 되는 날이 왔다. 학교에서 돌아와, 집 안에 어머니가 없는 사실을 알자 나는 어둡고 어두운 기분에 침잠해 갔다. 아버지는 "친정에 갔지만 곧 돌아온다"라고 말했어도, 나에게는 싫고 싫은 예감이 들었다. 어머니가 없는 바닷속처럼 어두운 집 안에서, 우리 형제들의 차가운 생활은 그 후 끝없이 이어졌다.

위의 문장에서 밑줄 친 부분을 주의 깊게 살펴보기 바란다. 먼저 '참다'라는 동사 앞에 '무엇이든'이라는 표현이 붙어 '무엇이든 참다'가 되었다. 이미 '무엇이든 참다'라고 하면 보통 이상의 인내를 의미하는데, 여기에 '무엇이든 참고 참다'라며 '참다'라는 같은 단어를 반복 사용하고 있다. 하지만 잘 생각해보면, 이 '참다'라는 단어의 반복이 감정을 강하게 만들었는지는 의문이다. 실제로는 그 반대로 되풀이된 표현은 효과를 주기보다는 오히려 의미를 약화시키고 있다. 이어지는 '병고와 싸우다'는 표현도 결국 인내의 다른 표현일 뿐, '무엇이든 참다'와 본질적으로 겹친다. 여기에 다시 '잘 견뎌 왔다'는 말이 더해지며 과잉이 누적되고, 마치 서툰 배우가 과도한 몸짓으로 감정을 표현하는 것 같은 인상을 준다. 다음으로 '어둡고 어두운 기분' '싫고 싫은 예감' 등은 각각 '어두운 기분' '싫은 예감'으로 충분하다. 이런 식으로 같은 형용사를 두 번 반복하는 것이 구어에서는 악센트를 통해 효과를 낼 수 있지만, 글로 쓰면 대개 반복이 감동을 약화시킬 뿐이다. '어두운 기분에 침잠해 갔다'라는 표현도 어색하며, '어두운 기분이 들었다'라고 직설적으로 표현하는 편이 자연스럽다. 또한 '어둡다'라는 형용사 앞에 '바닷속처럼'이라는 부사구, '이어지다'라는 동사 앞의 '그 후 끝없이' 같은 부사 표현 역시 불필요하다. 내가 말하는 '불필요한 형용사나 부사'란 바로 이런 것들을 말하며, '바닷속처럼'이라는 표현을 추가한다고 해서 어머니가 친정으로 떠난 후 집 안의 어두운 느낌이 진지하게 전달되는 것도 아니다. 비유라는 것은 정말 적절하게 맞아떨어지고, 그 비유를 사용함으로써 장면이 더욱 생생해질 수 있는 경우에만 사용하는 것이 맞다. 적절한 비유가 떠오르지 않거나 떠오르더라도 굳이 그것을 사용해 설명할 필요가 없는 경우라면 비유를 사용하지 않는 편이 좋다. 그런데 이번 경우의 어두움은 대체로 독자가 충분히 상상할 수 있는 것이기 때문에 굳이 사물에 비유하지 않아도 된다. 그리고 비유를 한다 해도 '바닷속처럼'이라는 표현은 전혀 적절하지 못하다. 이런 거창한 비유를 사용하면 사실적인 내용까지도 가식적으로 들리게 한다. 다음으로 '이어지다'라는 말이 있다면 '그 후'는 없어도 무방하다. 더구나 '끝없이'라는 말 역시 지나치게 과장된 표현이다. 그래서 이 문장에서 이러한 불필요한 부분을 제거하면 아래와 같은 문장이 된다.

병고와 싸우면서 무엇이든 잘 참아 왔던 어머니도, 결국 친정으로 돌아가지 않으면 안 되는 날이 왔다. 학교에서 돌아와, 집 안에 어머니가 없는 사실을 알자 나는 어두운 기분이 들었다. 아버지는 "친정에 갔지만 곧 돌아온다"라고 말했어도, 나에게는 싫은 예감이 들었다. 어머니가 없는, 어두운 집 안에서, 우리 형제들의 차가운 생활이 이어졌다.

이는 특별히 뛰어난 명문이라고 할 수는 없다. 그저 평범한 실용문일 뿐이다. 하지만 요즘 젊은이들은 이런 평범한 실용문을 쓰지 않으려 하고, 앞에서 지적한 것처럼 잘못된 문장을 쓰고 싶어 한다. 더욱 안타까운 점은 그렇게 비틀고 꼬아 놓은 듯한, 솔직하지 않은 표현을 예술적이라고 여기고 있지만 예술적이라는 것은 결코 그런 것이 아니며, 실용적인 것이야말로 곧 예술적인 것이라는 점은 이미 18쪽에서 말한 바 있다. 따라서 실용문이기 때문에 감동이 약하다는 주장은 성립하지 않으며, 설령 소설의 서술이라 해도 앞서 예로 든 장황하고 과장된 문장보다는 다음에 제시한 것처럼 문장을 바짝 조여 간결하게 쓰는 편이 더 좋다. 아니, 만약 내가 내 소설 안에서 이 일을 서술한다면 더욱 단단히 조여 압축해서 아래와 같이 썼을 것이다.

병고와 싸우며, 무엇이든지 참아 왔던 어머니도, 드디어 친정으로 돌아갈 날이 왔다. 나는 어느 날 학교에서 돌아오자, 어머니가 없는 사실을 알고, 어두운 기분이 들었다. 아버지는 "친정에 갔던 거다, 곧 돌아온다"라고 말했지만, 싫은 예감이 들었다. 그 후로 어머니가 없는 집 안에서, 우리 형제들의 차가운 생활이 이어졌다.

처음 문장은 166자, 두 번째는 145자, 세 번째는 138자로, 처음 문장에서 총 28자를 줄인 셈이다. 어느 쪽이 더 강한 인상을 주는지 비교해 보기 바란다. 한편 두 번째와 세 번째 문장은 미세한 차이만 있고 전체적으로는 축약되었지만, 일부 단어가 새롭게 추가되거나 구두점이 보완되었고, 단어의 배열이나 표현도 일부 수정되었다. 예를 들어 '무엇이든'을 '무엇이든지'로, '-했어도'를 '-했지만'으로, '결국'을 '드디어'로 바꾸고, '어느 날'이라는 표현을 삽입했으며, '집 안에 어머니가 없는'을 '어머니가 없는'으로 바꾸고, '친정에 갔지만 곧 돌아온다'를 '친정에 갔던 거다, 곧 돌아온다'로 조정했으며 또한 두 번째 문장에서 삭제되었던 '그 후'를 되살려서 '그 후로'라는 표현을 썼다. 이처럼 사소한 부분 하나하나까지 세심한 수정을 가하는 것이 바로 소위 말하는 기교다. 그러나 기교를 발휘했다고 해서 실용성과 멀어졌다고는 볼 수 없다. 오히려 세 번째 문장을 통해 기교와 실용성은 양립 가능하다는 점이 분명히 드러난다.

하지만 남을 가르치는 일은 쉬워도 정작 자신이 실천하는 것은 어렵다. **단어를 절약해서 쓰는 것도 실제로 글을 써보면 결코 쉬운 일이 아님을 깨닫게 된다.** 그래서 글을 전문으로 쓰는 사람조차 자칫 장황한 문장에 빠지기 쉽다. 나 역시 최근 몇 년 동안 이 점을 늘 의식하며 써 왔지만, 글을 고쳐 쓸수록 문장이 짧아지는 경우가 대부분이고 길어지는 경우는 드물다. 이는 곧 처음에는 절제했다고 여긴 문장 속에도 실제로는 불필요한 요소가 여전히 많다는 뜻이다. 발표 당시에는 정제되었다고 자부했던 글도 1년이 지나 다시 읽어보면 군더더기가 눈에 띄는 경우가 많다. 아래의 문장은 지금으로부터 3년 전에 쓴 소설 『갈대 베기蘆刈』의 한 구절로, 밑줄 친 부분은 오늘 시점에서 봤을 때 '차라리 없는 편이 낫다'고 판단되는 표현들이다.

나는 점점 저녁 어둠이 짙어지는 둑 위에 선 채로 이윽고 강 하류 쪽으로 눈길을 옮겼다. 그리고 왕께서 귀족들이나 당상관들과 함께 물 말은 밥水飯을 드셨다는 낚시터는 어디쯤일까 하며 오른쪽 강변을 둘러보니, 그 주변은 온통 울창한 숲이 우거져 있었고 그 숲은 신사의 뒤쪽까지 쭉 이어져 있었다. 바로 그 넓은 숲이 자리한 전체 면적이 이궁離宮의 옛터라는 사실을 뚜렷하게 짚어낼 수 있었다. (…) 그리고 스미다 강隅田川처럼 정취 없는 강과는 달리, 아침저녁으로 오토코 산男山의 푸른 봉우리가 강물에 비치고, 그

3 문장의 요소 235

사이를 따라 배들이 위아래로 교차하며 오가는 이 오요도大淀의 풍경은 왕의 시름을 얼마나 달래고 궁중의 흥취를 북돋웠을지 짐작이 갔다. 훗날 막부 타도의 대계가 실패로 돌아가 왕께서 오키 섬隱岐으로 유배되시어 19년 동안 파도 소리와 바람 소리를 들으며 고단한 세월을 보내실 때에도 그분의 가슴속을 자주 스쳐 지나갔던 것은 바로 이 근방의 산세와 강물 그리고 이 궁전에서 펼쳐졌던 찬란한 유희들이 아니었을까. 회상에 잠겨 있는 동안 <u>나의 상상은 거기에서 거기로</u> 당시의 정경들이 하나둘 환영처럼 눈앞에 떠올라, 관현악의 여운이며, 샘물이 졸졸 흐르는 소리, <u>심지어</u> 달빛 아래에서 <u>웃고 이야기하던</u> 귀족들의 환담 소리마저도 마치 귓가에서 들려오는 듯했다. 그러다 어느새 주위에 황혼이 내려앉은 것을 깨닫고 시계를 꺼내 보니 이미 오후 6시가 되어 있었다. 한낮에는 걷다 보면 땀이 날 정도로 <u>포근했지만</u>, 해가 지자 역시 가을 저녁답게 <u>서늘한</u> 바람이 옷깃 사이로 스며들었다. 나는 갑자기 허기를 느꼈고, 달이 뜨기 전에 어디서든 저녁 식사를 해결해야겠다는 생각이 들었다. 그래서 둑 위를 내려와 거리를 향해 발걸음을 되돌렸다.

위에 인용한 부분에는 문장의 흐름을 자연스럽게 이어가기 위해 덧붙인 표현들이 많은데 그로 인해 그 틈새를 너무 빈틈없이 메우려다 보니 문장의 본래 의미가 흐릿해진다면 과감히 불필요한 부분을 덜어내고도 흐름이 자연스럽게 이

어질 수 있도록 어조를 조정하는 것이 마땅하다.

또한 이 책에서 다루지 않은 함축에 관한 내용 역시 앞서 설명한 항목들을 차근히 읽고 음미한다면 굳이 장황한 설명 없이도 자연스럽게 이해될 수 있을 것이다.

이상으로 나는 문장 전반에 관한 가장 근본적인 부분 전체를 설명했는데 지엽적인 기교에 대해서는 별도로 언급하지 않았다. 그런 기교를 따로 배우더라도 실제로는 그다지 도움이 되지 않는다고 생각하기 때문이다. 다만 여러분이 글쓰기에 필요한 감각을 평소에 꾸준히 연마한다면 애써 배우지 않아도 언젠가는 저절로 터득하게 될 것이며, 나는 바로 그 가능성을 기대하고 있다.

옮긴이 해설

 이 책은 1934년에 간행된 다니자키 준이치로^{谷崎潤一郎}의 『문장독본^{文章讀本}』을 번역한 것이다. 다니자키는 1910년 단편소설 「문신^{刺青}」으로 문단에 알려지기 시작해 1965년에 사망할 때까지 꾸준히 작품 활동을 했다. 20대 초반부터 생을 마칠 때까지 문학적 공백기가 단 한 번도 없었다는 점에서 그는 문학을 위해 태어났고 문학과 함께 죽었다고 해도 과언이 아니다.

 흥미롭게도 다니자키는 1920년대에 영화에 푹 빠져 시나리오도 쓰고 영화 제작에도 참여했다. 당시 쓴 수필에서 인간이 발명한 것 중 가장 위대한 것으로 술, 음악 그리고 영화를 꼽았다는 것은 놀랍다. 이 무렵 일본에서는 영화를 '활동사진'이라 불렀는데, 아직 '영화'라는 말조차 보편적으로 쓰이지 않았던 때였는데도 이를 인류의 위대한 발명품 중

하나로 말했다는 것은 정말 대단하다.

1930년대에 들어서며 영화계를 떠난 다니자키는 전과는 완전히 다른 문장 구성으로 자기 작품 세계에 새로운 생명을 불어넣었다. 1931년 『장님 이야기盲目物語』를 시작으로 1932년 『갈대 베기蘆刈』, 1933년 『슌킨 이야기春琴抄』를 연달아 발표하며 혁신적인 문장 실험을 선보였다.

『장님 이야기』에서는 시각적 인상이 강한 한자 사용을 의도적으로 줄이고 소리를 표현하는 히라가나를 풍부하게 사용했다. 이것은 장님인 노인 화자의 나지막한 회고가 독자의 귀에 음악처럼 들리게 하고, 동시에 히라가나가 가득한 부드러운 지면을 통해 장님의 감각 세계를 암시하는 탁월한 기법이었다. 『슌킨 이야기』에서는 의도적으로 구두점과 줄바꿈을 최소화하여 문장의 경계를 허물고, 현대의 이야기에 마치 고전 작품을 읽는 듯한 유려한 리듬감을 만들어냈다. 『갈대 베기』 또한 화자의 목소리를 통해 시공간을 넘나드는 실험을 보여준다. 한자 사용을 억제하고 히라가나를 풍부하세 구사하여 귀족문화가 꽃피웠던 헤이안 시대(794-1185)의 고전 문학을 연상시키는 우아한 문체를 구현했다. 과거와 현재가 공존하는 유적지를 배경으로 현대인인 화자의 목소리에 옛 인물의 숨결이 겹치는 듯한 신비로운 효과를 자아내게 했다.

다니자키는 이처럼 문자의 배열과 구두점 등을 과감히 조절하여 독자가 자신도 모르게 소리 내어 읽도록 유도했다. 당시 구두점의 보급으로 '소리 내어 읽는 음독'이 점차 사라지고 '눈으로만 읽는 묵독'이 일반화되던 시대였다. 다니자키는 바로 이 지점에서 근대적 문장 작법의 흐름과는 다른 행보로 독자에게 잊힌 '소리'의 감각을 되찾아주려 했던 것이다. '말'과 '문장'에 대한 그의 실험적 사고는 1934년 『문장독본』으로 체계화되었다.

『문장독본』이 간행된 1930년대는 일본 문학사에서 '문장'이 특별한 의미를 갖던 시기였다. 1868년 메이지 유신 이후 서구 문물을 받아들이는 과정에서 일본어 문장은 급격하게 변하고 있었다. 특히 언문일치체 운동*이 본격화되면서 "말하듯이 쓴다"는 슬로건 아래 전통적인 문어체에서 구어체로의 전환이 이루어지고 있었다.

근대 이전까지 일본인들에게 문장의 기본은 한문이었다. 반듯한 문장은 한문이 바탕이 되어 있었고, 일반 서민들은 '문장'을 구성하는 데 어려움을 겪을 수밖에 없었다. 그런 가운데 19세기 후반 언문일치체 운동이 일어나면서 상황이 급변했다. 서양 문학과 학술서를 일본어로 번역하는 과정에서 새로운 언문일치체가 고안되었고, 일본어 문장은 서양어의 어투와 구조에 큰 영향을 받게 되었다. 1930년대에 이르러

---

*   말하는 방식과 쓰는 방식을 일치시키려는 문체 개혁 운동.

이러한 변화가 차츰 안정기에 접어들었다. 동시에 신문과 잡지 등 대중 매체가 빠르게 발전하면서 일반 대중들도 문장 작법에 큰 관심을 갖게 되었다. '어떻게 하면 좋은 문장을 쓸 수 있을까'라는 문제의식이 사회 전반에 확산된 것이다. 바로 이러한 시대적 요구에 부응하여 등장한 것이 다니자키 준이치로의 『문장독본』이었다.

『문장독본』은 다니자키가 재정적으로 어려웠던 시기에 출판사의 의뢰를 받아 쓴 실용적인 문장 작법서였다. 다른 근대 문학자들의 작품은 대부분 신문이나 잡지에 연재된 뒤 단행본으로 간행되었던 것과 달리 『문장독본』은 그러한 과정을 거치지 않고 단번에 쓰였다. 출판사의 기획물이었던 『문장독본』은 발매와 동시에 베스트셀러에 오르며 독자들에게 큰 반향을 불러일으켰고, 문학자나 학자들 사이에서도 화제가 되었다. 이후 문학자들이 '문장독본'이라는 타이틀을 내걸고 문장 작법서를 쓴 효시가 되기도 했다.

다니자키 준이치로의 『문장독본』 이후 일본 문학계에는 '문장독본' 붐이 일어, 일본 최초의 노벨 문학상 수상자 가와바타 야스나리, 전후 일본을 대표하는 작가 미시마 유키오 등 저명한 문학가들이 '문장독본'을 타이틀로 책을 간행했다.

이들 세 사람 모두 일본어의 고유한 특성과 미의식을 깊이 자각하고, 이를 바탕으로 문장론을 전개했다는 공통점을 가진다. 일본어가 가진 독자적인 아름다움, 리듬감 그리고 전통적 표현의 가치를 중시하며, 문장은 단순한 전달 수단이 아니라 예술적 표현이기도 하다는 입장을 공유했다.

그러나 세 작가의 문장론은 저자들의 미의식과 시대적 배경에 따라 뚜렷한 차이점을 보인다. 다니자키 준이치로는 근대 일본어가 서구화되면서 전통적인 일본어 문장의 아름다움을 잃어간다는 위기의식 속에서 일본어가 지닌 '함축'과 '여운' 그리고 '음예(은근한 운치)'의 미를 강조한다. 그는 문장의 실용성과 예술성을 분리하지 않고, 무엇보다 '잘 전달되는 문장'을 추구하되, 거기에 일본어 특유의 미를 살리는 것에 중점을 둔다.

가와바타 야스나리는 1950년에 『신 문장독본』을 간행하여, 1945년 일본의 패전 이후라는 새로운 시대의 흐름 속에서 문장의 변화 가능성과 생명력을 강조한다. 그는 문장을 '살아 있는 존재'로 보며, 문장에는 생명과 인격이 깃들어 있다고 여긴다. 이에 비해 미시마 유키오는 1959년에 발표한 『문장독본』에서 문장의 '격조'와 '기품'을 핵심으로 삼는다. 그는 문장을 하나의 예술 작품으로 완성하는 데 집착하는 모습을 보이고, 장르에 따라 문체가 달라져야 함을 강조하며 수사 기법이나 구성의 미학을 체계적으로 제시한다. 이렇게 세 사람은 일본어 문장의 아름다움과 본질을 탐구한다는 점에서 일치하지만, 다니자키는 '함축과 음영', 가와바타 야스나리는 '생명력과 인간성', 미시마 유키오는 '격조와 기품'이라는 서로 다른 개념을 중심으로 문장론을 전개하고 있다.

다니자키는 일본어 문장의 '전달성'을 중시했다. 그의 문장관을 상징하는 말은 바로 "소설 속 문장이라고 해서 실생활에 도움이 되지 않는 표현은 없으며, 반대로 실용적인 문장이라고 해서 소설에 쓰일 수 없는 것은 없다"는 주장이다. 즉, 그는 실용적인 문장과 예술적인 문장을 구분하지 않으며, 어떤 종류의 문장이든 자기 생각이나 감정을 명료하게 전달하는 것이야말로 문장의 가장 중요한 사명이라고 확신한다. 『문장독본』에서 다니자키는 '일본어란 무엇인가'라는 근본적 질문을 던진다. 그는 현대문과 고전문, 일본어 문장과 서양어 문장의 구조적 차이를 밝히고, 그 거리와 보완적 관계를 일본어 고유의 형식과 음조를 살리는 문장 쓰기의 중요성으로 살핀다.

다니자키가 제시하는 문장의 전달성에 대한 요점은 다음과 같다. 첫째, 명료한 사상은 명료한 언어로 전달되어야 한다는 것이다. 둘째, "가장 실용적으로 쓴다는 것이 곧 예술적인 기교를 필요로 하는 일"이며 전달성과 예술성이 함께 가능하다는 점을 강조한다. 셋째, 문장은 내용뿐만 아니라 시각적 배열과 음조까지도 중요한 전달 도구라고 규정한다. 특히 그는 서양어 번역의 영향으로 수식어가 과도해진 현대 일본어의 구조적 한계를 지적하며, 서양어 문법은 복잡한 문장을 명확히 전달하는 데 효과적이지만 일본어는 그러한 구조를 갖지 않으므로 말이 길어질수록 혼란을 일으킬 수 있어 오히려 표현을 절제해야 한다고 경고한다. 즉, 좋은 문장이란 풍부한 표현이 아닌 불필요한 말을 덜어낸 간결함 속에 담긴 깊이라고 여긴다. 넷째, 표준어에만 의존하지 않고 고어와 방언 등 다양한 일본어 표현을 활용해야 한다고 주장한다. 다섯째, 언어의 한계 또한 인식하고 모든 것을 낱낱이 설명하기보다는 여운을 남김으로써 깊은 차원의 전달력과 문장의 품격을 이끌어낼 수 있다고 본다.

이런 감각을 기르기 위해 고전 명문을 통한 학습의 중요성을 강조한다. 『겐지 이야기』나 고전 서한문 등 일본 고전에서 뽑아낸 문장을 제시해 일본어의 함축, 여운, 리듬의 아름다움을 구체적으로 설명하며 독자에게 고전 문장의 미학을 직접 경험하게 한다.

또한 다니자키는 자기 작품에서 일본어의 다층적 특성을 적극 활용했다. 도쿄 중심의 표준어와 구어문에만 의존하지 않고 작품마다 고전어, 간사이 방언(오사카어), 한자어, 고풍스러운 우아한 말, 속어, 신조어 등 다양한 언어적 요소들을 자유자재로 구사했다. 예를 들어 1943년에 발표한 『세설細雪』에서는 간사이 방언의 구어적 특성을 살렸고, 『슌킨 이야기』나 『갈대 베기』에서는 현대어로 쓰인 글에 작품 내용에 걸맞은 고전적인 문체를 적극 도입해서 각 작품의 분위기와 시대성을 효과적으로 표현했다. 이것은 단순한 전통으로 돌아가거나 서양어를 모방하는 것을 넘어 일본어 내부의 언어적 다양성과 표현 가능성을 넓히려는 의식적 실험이었다.

『문장독본』은 한 세기 가까운 세월이 흘렀음에도, 그 언어관과 표현론이 여전히 빛을 잃지 않았다. 다니자키가 강조한 '말을 깎아내고' '표현에 함축을 담는다'는 문장 쓰기의 지침은 빠름과 많음을 추구하는 디지털 시대의 글쓰기에서 새삼 되새길 만하다. 오늘날 한국어 글쓰기에서도 전통적 문체와 현대적 표현, 문어체와 구어체, 외래어와 고유어 사이에서 균형을 찾는 일이 점점 중요해지고 있다. 실제로 이태준의 『문장강화』(1940), 이오덕의 『우리글 바로 쓰기』(1992)처럼 '우리말다운 문장'에 대한 자각이 꾸준히 제기되어 왔다. 그런 점에서 『문장독본』에서 말하는 '말'과 '문장', '현대문'과 '고전문', '일본의 문장'과 '서양의 문장'의 거리감 인식과 상호 보완적인 관계라는 관점은 일본어에만 한정되지 않고, 다른 언어 사용자에게도 시사점을 제공한다. 다니자키의 문장에 대한 통찰은 한국어 문장에 대한 성찰과 만나 서로의 거울이 되어준다.

다니자키는 언어란 곧 사고의 형식이며, 단어 선택 하나하나가 사상과 미의식을 드러내는 행위임을 일깨워준다. 언어의 본질과 문장의 구조에 대한 자각 없이는 아무리 작법을 배워도 좋은 문장을 쓸 수 없다는 그의 지적은 우리가 문장에 대해 생각할 때 근본부터 다시 바라보게 만든다.『문장독본』은 문장 작법에 대한 실용적 조언을 넘어, 자기 언어에 대한 성찰과 문장을 대하는 태도 자체를 묻는 책이다. 단순히 문장을 잘 쓰기 위한 기술이 아니라, 어떤 언어를 쓰며, 그것이 어떤 문화적 배경과 구조를 지녔는지에 대한 인식 없이는 좋은 문장을 쓸 수 없다는 사실을 일깨워준다.

『문장독본』은 일본어로 글을 쓸 때 어떤 마음가짐으로 임해야 하는지를 말하는 책이다. 그렇다면 한국어로 글을 쓰는 독자들에게는 어떤 도움이 될까? 이 질문이 이 책의 번역을 시작한 계기였다.

나는 한국어를 모국어로 사용하면서도 한국어가 어떤 언어인지 깊이 생각해본 적이 거의 없었다. 일본어를 배우면서 한국어와의 차이점을 의식하게 되었지만, 정작 한국어 자체가 어떤 언어인지는 진지하게 생각해본 적이 없었다. 외국어를 배우게 되면 평소 의식하지 않았던 모국어의 특성이 눈에 들어오고, 당연하게 느껴지던 한국어가 얼마나 낯설고 어려운지도 새삼 깨닫게 된다. 외국어는 한국어의 문법과 관습 밖으로 나를 이끈다. 모든 언어는 사회적, 역사적으로 만들어진 문법과 관습이 있기 마련이다. 모국어 밖으로 나갈 수 있는 유일한 길은 외국어를 배우는 것이다.

다니자키가 '일본어란 무엇인가'를 고민하게 된 배경에는

옮긴이 해설 247

외국어가 물밀 듯이 밀려와 일본어를 새롭게 바꿔가고 있던 시대적 흐름이 있었다. 그는 일본어 문장과 서양어 문장을 '번역'의 관점에서 견주어 설명하며, 언어의 차이에도 주목했다. 다니자키는 좋은 문장을 쓰는 관건은 기교나 기술이 아니라 글을 쓰는 사람의 마음가짐에 있다고 보았다. 이러한 생각은 정보의 홍수와 디지털 시대 속에서 문장이 점점 가벼워지는 오늘날에도 여전히 유효하며, 글쓰기에서 마음가짐의 중요성을 시사한다.

그렇다면 '당신은 자기 언어의 결을 알고 있는가?' 만약 알고 있다면 자기가 사용하는 언어가 어떤 형태이고 어떤 음조를 지니며 어떤 역사를 거쳐 발달해 왔는가를 묻지 않을 수 없다. 『문장독본』에서도 예시로 보여주듯이 번역은 바로 이러한 자기 언어를 깊이 탐구하는 과정이다.

이 책을 번역하면서도 일본어와 한국어 사이에서 길을 잃고 헤매기 일쑤였다. 다니자키는 『문장독본』을 정중체로 썼다. 이는 선생님이 학생들에게 강의하는 형식으로, 서문에서 밝히고 있듯이 일반 대중을 위한 교본의 성격을 띤다. 처음 한국어로 정중체로 번역했을 때 다니자키가 말하는 자연스러운 느낌이 한국어 문장에서는 살아나지 않아 결국 보통체로 번역했다. 이렇게 사소한 것 하나부터 한국어와 일본어 사이를 오가며 조정하고 균형점을 찾는 것이 번역이다.

또한 다니자키는 유려한 문장을 구사하는데, 때론 문장이 매우 길어진다. 그것을 그대로 번역하면 한국어 문장에서는 늘어지게 되어 때때로 문장의 길이를 조절했다. 다만 단락 구분은 원문을 그대로 따랐고 길이도 가능하면 유지했다. 또 『겐지 이야기』 등 고전 인용은 현대어 번역본과 대조하여 가독성을 높였다.

다니자키가 비판한 '말의 낭비'에 주의하며 언어의 한계와 폐해를 알아야 한다는 것은 어느 시대의 글쓰기에도 그대로 적용된다. 불필요한 수식어를 걷어내고 문장의 시각적 효과와 음악적 효과를 살리는 '덜어냄의 미학'은 새겨들어야 할 말이다. 번역을 하면서 원고를 다듬는 과정에서 말을 덜어내는 것의 중요성을 체감했다.

이 책을 단순한 작법서가 아닌, 언어와 마주하는 길을 묻는 에세이로 읽어주시길 바란다. 글의 아름다움은 그 내용뿐만 아니라 글자 모양과 소리에도 있다는 점을 다시 생각해보는 기회가 되었으면 한다. 번역의 미로에서 든든한 동행자가 되어준 편집자에게 깊이 감사드린다.

2025년 7월
이한정

편집 후기

다니자키 준이치로의 『문장독본』을 알게 된 건 미시마 유키오 때문이었다. 2022년 같은 책제목인 미시마 유키오의 『문장독본』을 편집할 때였다. 미시마의 『문장독본』에 '이 책의 목적'이라는 장이 나오는데 일본 출판계에 유행하던 '문장독본'들을 비판적으로 바라본 대목이 등장한다. 물론 미시마가 다니자키를 콕 집어 비판한 건 아니지만, 일본 문단에 '문장독본' 붐을 일으킨 주역이자 문장에 대한 일반 독자들의 관심을 초집중시킨 베스트셀러 작가 다니자키 준이치로를 전혀 의식하지 않았다면 거짓말일 것이다.

미시마의 『문장독본』은 시기적으로도 선배 다니자키의 『문장독본』(1934)보다 한참 뒤인 1959년에 출간되기도 했고, 1950년에는 자신의 스승 가와바타 야스나리의 『신 문장독본』까지 나와 있는 상황이라 미시마의 심적 부담이 이만

저만이 아니었을 텐데 선배 '문장독본'들을 살짝 지르밟으며 책을 시작하는 패기에 감탄이 터져였다. (재밌는 건 이 책 뒤표지에는 다니자키의 『문장독본』에 대한 미시마 유키오의 상찬이 실려 있다) 미시마 덕분에 다니자키의 『문장독본』과 잠깐 마주쳤었지만 바삐 돌아가는 일상에 쫓겨 곧 기억에서 사라졌다. 몇 년 뒤 투고로 다니자키의 『문장독본』을 만나게 될 줄은 그땐 몰랐었다.

이 책과 오랜 인연이 있다 보니 서론이 길었다. 그렇다. 이 책은 작업 시작 전부터 이미 미시마의 도움으로 호감과 친근감이 있었다. 하지만 이 느낌 그대로 편집도 기분 좋게 할 수 있었다면 참 좋았을 텐데 현실은 항상 반대로 흘러가는 게 세상 이치인 것 같다. 편집자로서 가장 크게 부딪친 문제는 바로 일본어를 어느 선까지 노출하느냐였다. 다니자키가 일본어 문법, 발음 등을 예시로 드는 경우가 많아 일본어 노출은 불가피했는데 모두 드러내자니 일본어를 모르는 독자들에게 혼란만 가중시킬 것 같았다. 이 책이 일본어 교재는 아니니 일본어는 가급적 최소화하자고 번역자와 논의를 마치고 시작했지만 실제 편집에 들어가서는 일본어를 지웠다가 다시 살리는 일이 반복되었다. 일본어를 모르는 독자들도 읽는 재미를 충분히 느낄 수 있는 적당한 선을 지키는 일이 정말 어려웠다. 부디 외국어의 한계를 껴안은 이 책이 독자들의 읽는 재미를 방해하지 않는 선까지라도 나아갈 수 있다면 편집자에게 큰 위로가 되겠다.

  운 좋게 미시마와 다니자키의 『문장독본』을 모두 작업한 편집자가 되었다. 둘 중 뭐가 나았는지 궁금해하실 분이 있으실지? 여기서 개인적인 취향은 비밀로 부쳐두고 싶다. '문장독본'의 선구자 다니자키와 후발주자인 미시마를 같은 선상에 놓고 비교하는 건 무리가 있고, 출판사에는 둘 다 똑같은 자식인데 누가 더 낫다 말할 수는 없는 일이니까. 그럼에도 그 가혹한 질문에 답을 해야 한다면 둘째처럼 따라 보고 배울 대상 없이 홀로 수많은 시행착오를 통과해냈을 첫째에게 나는 늘 마음이 갔다. 다니자키, 파이팅.

미행에서 만든 책들

1	소설	마르셀 프루스트	최미경	쾌락과 나날
2	시	조르주 바타유	권지현	아르캉젤리크
3	소설	유리 올레샤	김성일	리옴빠
4	시	월리스 스티븐스	정하연	하모니엄
5	소설	나카지마 아쓰시	박은정	빛과 바람과 꿈
6	시	요제프 어틸러	진경애	너무 아프다
7	시	플로르벨라 이스팡카	김지은	누구의 것도 아닌 나
8	소설	카트린 퀴세	권지현	데이비드 호크니의 인생
9	르포	스티그 다게르만	이유진	독일의 가을
10	동화	거트루드 스타인	신혜빈	세상은 둥글다
11	산문	미시마 유키오	강방화·손정임	문장독본
12	소설	마르셀 프루스트	최미경	익명의 발신인
13	시	E.E. 커밍스	송혜리	내 심장이 항상 열려 있기를
14	시	E.E. 커밍스	송혜리	세상이 더 푸르러진다면
15	산문	데라야마 슈지	손정임	가출 예찬
16	칼럼	에릭 사티	박윤신	사티 에릭 사티
17	산문	뤽 다르덴	조은미	인간의 일에 대하여
18	르포	존 스타인벡·로버트 카파	허승철	러시아 저널
19	소설	윌리엄 포크너	신혜빈	나이츠 갬빗
20	산문	미시마 유키오	손정임·강방화	소설독본
21	소설	조르주 로덴바흐	임민지	죽음의 도시 브뤼주
22	시	프랭크 오하라	송혜리	점심 시집
23	산문	브론테 자매	김자영·이수진	벨기에 에세이
24	소설	뱅자맹 콩스탕	이수진	아돌프/세실
25	산문	안드레이 플라토노프	윤영순	전쟁 산문
26	소설	안토니 포고렐스키 외	김경준	난 지금 잠에서 깼다
27	소설	모리 오가이	전양주	청년
28	소설	알베르틴 사라쟁	이수진	복사뼈
29	산문	페르난두 페소아	김지은	이명의 탄생
30	산문	가타야마 히로코	손정임	등화절
31	산문	고바야시 히데오	유은경·이재창	비평가의 책 읽기
32	소설	조르주 바타유	유기환	마담에드와르다/나의어머니/시체
33	시론	라헬 베스팔로프	이세진	일리아스에 대하여
34	시	하트 크레인	손혜숙	다리
35	산문	다니자키 준이치로	이한정	문장독본

한국 문학

1	시	김성호	로로
2	시	유기환	당신이 꽃 옆에 서기 전에는

다니자키 준이치로(谷崎潤一郎, 1886-1965)는 대담한 상상력과 섬세한 문장으로 인간의 욕망과 아름다움, 전통의 미학을 탐구하며 독자에게 강한 인상을 남긴 작가다. 도쿄에서 태어나 도쿄제국대학 국문과에 진학했으나 중퇴했고, 1910년「문신」을 발표하며 데뷔했다. 초기에는 서구적 탐미와 에로티시즘, 미스터리로 개성을 확립했고, 1923년 관동대지진 이후 간사이 지역으로 이주하면서 전통문화에 매료되어『순킨 이야기』『세설』, 수필『음예예찬』등으로 일본 고전과 동서양 미학의 대비를 심화했다. 전후에는『열쇠』로 예술과 외설의 경계를 둘러싼 논쟁을 촉발했고, 말년까지『미친 노인의 일기』를 발표하며 왕성히 활동했다. 그는 언어의 리듬과 여백, 소리까지 고려한 문장을 통해 '눈으로 읽히며 귀로 들리는' 문학을 추구했다.『겐지 이야기』현대어 번역, 문화훈장 수훈, 여러 차례 노벨문학상 후보에 오른 경력은 그의 문학적 성취를 보여주며, 오늘의 독자에게도 전통과 현대, 언어와 감각의 균형을 사유하게 한다.

옮긴이 이한정은 도쿄대학에서 일본근대문학과 문학, 문화 비교에 관해 공부했고 다니자키 준이치로 연구로 박사학위를 받았다.『일본문학의 수용과 번역』『김시종, 재일의 중력과 지평의 사상』(공저) 등을 저술했고, 사카이 나오키의『과거의 목소리』, 고야스 노부쿠니의『한자론 불가피한 타자』, 다니자키 준이치로의『열쇠』, 사카구치 안고의『불량소년과 그리스도』등을 번역했다. 현재 상명대학교에서 학생들을 가르치며 연구하고 있다.

문장독본

다니자키 준이치로
이한정 옮김

초판 1쇄 발행 2025년 8월 31일

펴낸곳 미행 출판등록 제2020-000047호
전화 070-4045-7249 메일 mihaenghouse@gmail.com
인쇄 제책 영신사

ISBN 979-11-92004-30-3 03800

* 이 책은 2023학년도 상명대학교 교내연구비를 지원받아 수행하였다(2023-A000-0392).